DANS LE CLOAQUE

ŒUVRES DE MAURICE BARRÈS

Collection à **3** fr. **50** c.

LE CULTE DU MOI

*	SOUS L'ŒIL DES BARBARES.	1 vol.
**	UN HOMME LIBRE	—
***	LE JARDIN DE BÉRÉNICE	—

LE ROMAN DE L'ÉNERGIE NATIONALE

*	LES DÉRACINÉS.	1 vol.
**	L'APPEL AU SOLDAT.	—
***	LEURS FIGURES.	—

LES BASTIONS DE L'EST

*	AU SERVICE DE L'ALLEMAGNE.	1 vol.
**	COLETTE BAUDOCHE, histoire d'une jeune fille de Metz.	—

L'ENNEMI DES LOIS	1 vol.
DU SANG, DE LA VOLUPTÉ ET DE LA MORT	—
AMORI ET DOLORI SACRUM (*La Mort de Venise*).	—
LES AMITIÉS FRANÇAISES.	—
SCÈNES ET DOCTRINES DU NATIONALISME	—
LE VOYAGE DE SPARTE.	—
GRECO OU LE SECRET DE TOLÈDE	—
LA COLLINE INSPIRÉE	—
HUIT JOURS CHEZ M. RENAN	—
LA GRANDE PITIÉ DES ÉGLISES DE FRANCE	—

ADIEU A MORÉAS. Une brochure	Prix 1 fr.
UN DISCOURS A METZ (15 août 1911). Une brochure . .	Prix 1 fr.

MAURICE BARRÈS

de l'Académie Française

DANS LE CLOAQUE

NOTES

d'un membre de la Commission d'enquête
sur l'affaire Rochette

PARIS

ÉMILE-PAUL FRÈRES, ÉDITEURS

100, RUE DU FAUBOURG-SAINT-HONORÉ, 100

PLACE BEAUVAU

1914

JUSTIFICATION DU TIRAGE

802

A MM. les Électeurs
du Premier Arrondissement de Paris
Hommage et Remerciements
de
leur Député et Ami

Maurice BARRÈS.

7 Avril 1914.

DANS LE CLOAQUE

AU LECTEUR

On se rappelle les faits.

Le Figaro *menait une violente campagne contre M. Caillaux, ministre des finances, et sa politique fiscale. Il l'accusait, notamment, d'avoir entravé le cours régulier de la justice pour servir l'escroc Rochette. Une note du procureur général Fabre en faisait foi, disait-il.*

Le 16 mars, Mme Caillaux vint aux bureaux du Figaro *et tua à coups de revolver le directeur du journal, Gaston Calmette.*

L'émotion fut profonde, universelle, Jules Delahaye, à la Chambre, interpella les mi-

nistres. Qu'est-ce que cette note du procureur général Fabre? Tous, par leur silence ou par leurs dénégations, Doumergue et Monis en tête, donnèrent à entendre à la Chambre qu'ils ne connaissaient rien de ce fait, ni de cette pièce, et qu'on était en présence de pures calomnies. Mais Barthou, brusquement, monte à la tribune et livre à tous le document.

Ce document, le voici :

COUR D'APPEL DE PARIS

—

Procès-verbal-copie

—

Cabinet du procureur général

—

« J'ai été mandé par M. Monis, président du Conseil. Il voulait me parler de l'affaire Rochette. Il me dit que le gouvernement tenait à ce qu'elle ne vînt pas devant la cour le 27 avril, date fixée depuis longtemps; qu'elle pouvait créer des embarras au ministre des Finances au moment où celui-ci avait déjà les affaires de liquidation des congrégations religieuses, celle du Crédit Foncier et autres du même genre. Le président du Conseil me donna l'ordre d'obtenir du président de la chambre correctionnelle la remise de cette affaire après les vacances judiciaires d'août et septembre. J'ai protesté avec énergie, j'ai indiqué combien il m'était impossible de remplir une pareille mission ; j'ai supplié qu'on laissât l'affaire Rochette suivre son cours normal. Le président du Conseil maintint ses ordres et m'invita à aller le revoir pour lui rendre compte. J'étais indigné, je sentais bien que c'étaient les amis de Rochette qui avaient monté ce coup invraisemblable.

» Le vendredi 24 mars, Me Maurice Bernard vint au parquet. Il me déclara que cédant aux sollicitations de son ami, le ministre des Finances, il allait se porter malade et demander la remise après les grandes vacances de l'affaire Rochette. Je lui répondis qu'il avait l'air fort bien portant, mais qu'il ne m'appartenait pas de discuter les raisons de santé personnelles invoquées par cet avocat et que je ne pouvais, le cas échéant, que m'en rapporter à la sagesse du président.

» Il écrivit à ce magistrat. Celui-ci, que je n'avais pas vu, que je ne voulais pas voir, répondit par un refus. Me M. Bernard se montra fort irrité. Il vint récriminer auprès de moi et me fit comprendre par des allusions à peine voilées qu'il était au courant de tout.

» Que devais-je faire? Après un violent combat intérieur, après une véritable crise, dont fut témoin et seul témoin mon ami et substitut Bloch-Laroque, je me suis décidé, contraint par la violence morale exercée sur moi, à obéir. J'ai fait venir M. le président Bidault de l'Isle. Je lui ai exposé avec émotion les hésitations où je me trouvais. Finalement, M. Bidault de l'Isle a consenti, par affection pour moi, la remise. Le soir même, c'est-à-dire le jeudi 30 mars, je suis allé chez le président du Conseil. Je lui ai dit ce que j'avais fait. Il a paru très content. Je l'étais beaucoup moins. Dans l'antichambre, j'ai vu M. du Mesnil, directeur du *Rappel*, journal favorable à Rochette, et m'outrageant fréquemment. Il venait sans doute demander si je m'étais soumis.

» Jamais je n'ai subi une telle humiliation.

» V. Fabre.

» Le 31 mars 1911.

Sur l'heure, on décide de livrer tout ce mystère à une commission d'enquête. Je demandai à en faire partie. « La lumière, toute et tout de suite », dis-je à mes collègues. Ils me nommèrent. Je me suis employé à tenir parole.

Voici des pages écrites chaque soir au sortir des séances de la commission d'enquête. Tout le jour, depuis neuf heures et demie du matin, nous entendions les témoins, ministres, anciens ministres, députés, magistrats, journalistes, banquiers. Nous ne cessions guère qu'à sept heures et, parfois, plus tard. Je n'avais que le temps de jeter en hâte mes impressions, mes images et mes raisons sur des feuillets que l'on me prenait un à un pour l'imprimerie.

Les traces de cette rapidité ne sont que trop

visibles. Si je passe outre et si je laisse réimprimer ces improvisations, c'est que telles quelles on y voit les couleurs toutes crues de la réalité, — d'une réalité bonne à dire et à crier dans cette minute même.

M. B.

5 avril 1914.

I

DEUX MAITRES, DEUX ESCLAVES

(Écrit le vendredi soir 20 mars 1914).

Gaston Calmette a été assassiné lundi soir. Le mardi, j'arrivai à la Chambre. « Le voilà zigouyé, » disaient-ils. Un collègue me dit : « Calmette est maintenant calmé. » Un ministre, en ôtant son pardessus, déclara : « Il n'a que ce qu'il mérite. » Voilà les sentiments auxquels Thalamas se chargea de donner une forme. Il écrivit sur l'heure sa lettre impérissable :

Madame, je n'ai pas l'honneur de vous connaître, mais je sais par expérience quelle est l'infamie de la presse immonde envers les sentiments les plus intimes et les plus sacrés et quelle guerre elle mène contre la famille et les affaires privées les plus respectables de ceux qui luttent contres les privilèges des riches et les menées cléricales.

Vous en avez tué un, bravo!

Lorsqu'un homme en vient jusqu'à se mettre en dehors de la loi morale et à côté des pénalités civiles les plus efficaces, il n'est plus qu'un bandit. Et quand la société ne vous fait pas justice, on n'a qu'à se faire justice soi-même.

Faites de ma lettre l'usage que vous voudrez et voyez en elle, avec mes respectueux hommages, le cri de la conscience d'un honnête homme révolté et d'un journaliste député écœuré des procédés de ceux qui déshonorent la presse et le Parlement.

THALAMAS.

P.-S. — *Ma femme, qui me prie de vous adresser l'expression de ses sympathies, vient de faire sur votre acte un article dans la* Dépêche de Versailles, *que je vous enverrai demain.*

Ces sentiments, que seul l'insulteur de Jeanne d'Arc avait eu le front de produire au grand jour, existaient à l'état confus dans toute la majorité radicale. Elle était avec la meurtrière. Cela apparut dès la première réunion de la commission d'enquête, le jeudi 19 mars dans l'après-midi. Il s'agissait seulement, ce jour-là, de dresser le programme des réunions qui allaient suivre, et d'établir dans quel ordre seraient appelés à s'expliquer devant nous les divers personnages de la tragédie; mais, dès cette première journée, les amis de M. Caillaux se montrèrent.

M. Ceccaldi prit la parole. Petit, mince, rapide, un peu roux, l'œil brillant, la moustache guerrière, pareil à une lame d'épée, il a les vertus habituelles de sa nation corse. Il s'est choisi un chef, il marche pour Caillaux, il est de sa *gens*, de sa vendetta, s'il le faut. Il le dit crânement. Lui et ses amis auraient voulu que MM. Monis et Caillaux fussent les derniers à s'expliquer, car ils comprenaient l'avantage, pour les ministres en cause, qu'on fît comparaître avant eux, le procureur Fabre et qu'il vidât le premier son sac.

C'était peu raisonnable. Ils n'insistèrent pas.

Aujourd'hui, nous venons d'entendre successivement MM. Monis, Caillaux, le procureur général Fabre et le Président Bidault de l'Isle.

*
* *

En séance publique, le mercredi 18, Monis avait tout nié. Je le regardais à son banc, près du mien. Il n'était pas à son aise. Il voyait venir droit sur lui, une effroyable machine de guerre, et sans doute qu'il se rappelait *in petto* le mot suprême que lui cria Berteaux sur le champ d'aviation d'Issy : « Nous allons être fauchés ! » Tout perclus, les yeux ronds, le cœur en désarroi, il ne quittait pas des yeux la bouche de l'orateur. Ce vieil homme était superbe dans cette attitude expectante, avec sa tête rentrée dans ses épaules et son énorme dos rond en cuirasse. A l'instant tragique où Delahaye, adossé à la tribune, les bras croisés, et le regardant fixement, le sommait de lui répondre sur le document, le vieillard immobile nous semblait pareil à quelque roc moussu. Toute l'opposition lui criait : « Parlez! » Ses collègues du ministère, les yeux baissés, ne remuant que les lèvres, lui disaient : « Ne bougez pas! » L'*Officiel* ne rend pas l'ignominie de ce long silence sous les huées, tous les députés au centre et à droite, debout et criant à ce sourd et muet : « Répondez! » Et quand l'émotion qui gagnait toutes les travées contraignit enfin ses collègues et lui-même, quand il se fut rapidement concerté avec M. Doumergue et qu'il se leva, ce fut pour tout nier.

Aujourd'hui il parle, il avoue à demi,

Quels sont donc les intérêts politiques si puissants qu'il y avait pour décider MM. Caillaux et Monis à ajourner le procès Rochette?

Eh ! nous a répété M. Monis de vingt-cinq manières, M. Caillaux m'a parlé du grand talent de l'avocat de M. Rochette, Me Maurice Bernard, qui ne manquerait pas de raconter qu'il y a de nombreuses affaires pareilles aux affaires de Rochette, et à propos desquelles aucune poursuite n'est exercée. D'innombrables sociétés sont irrégulières et fonctionnent quand même sous les yeux du gouvernement. Nous avons cédé à la crainte de cette plaidoirie qui eût été la revision de nos dix dernières années financières.

Quel aveu, quelle vue ignoble sur nos mœurs politico-financières! Il est bien intéressant, ce ministre, quand il nous en trace ce tableau. Il l'est moins quand il explique son affaire en disant qu'il n'est pas intervenu judiciairement, mais administrativement! Tous, nous le regardions avec un lourd ennui. Mais, à mesure que les visages autour de lui devenaient plus mornes, il éclairait son regard, il risquait un sourire; peu à peu, il se mit à faire le bonhomme et à griffer furieusement le procureur général Fabre.

Avec cet homme enveloppé, ankylosé, de sang-froid, prudent, tout en ouate, M. Caillaux fait un furieux contraste.

A l'ordinaire, c'est un homme élégant, quasi un jeune aristocrate, avec quelque chose d'extravagant. Aujourd'hui, il est fatigué, plus grave, un homme sur lequel il a plu.

La jeunesse n'est plus que dans la voix et le raisonnement. Son premier mot, assez saisissant, c'est pour demander la permission de jurer :

— Sur mon honneur et ma conscience...

Mais le solennel n'est pas son genre. Très vite il rentre dans sa nature, entraîné, semble-t-il, par sa parole facile et agréable. Et, avec stupeur, on le retrouve toujours complaisant à soi-même. Écoutez cette phrase, ce n'est rien, mais c'est toute une lueur sur l'homme : « Je me retournais sur mon fauteuil, nous dit-il, avec un geste qui m'est familier. » Il note ses gestes, il se regarde avec plaisir. Il explique légèrement qu'en ajournant le procès de Rochette il a voulu faire plaisir à un galant homme, M. Maurice Bernard, son ami.

Ainsi, voilà toute la raison qu'avait le gouvernement de servir Rochette et de lui sacrifier sept mois encore l'épargne française ! C'est peu, c'est simple, et tout le reste n'est qu'invention du procureur général. Dès maintenant, il saute aux yeux que pour MM. Monis, Caillaux et leurs troupes, c'est le procureur général Fabre, le pelé, le galeux, à qui l'on fera payer cher sa malencontreuse confession et ses scrupules démodés.

A grands voleurs, grandes révérences;
A petits voleurs, grandes potences;

*
* *

Mais voici midi. La séance est levée; on se retrouvera à deux heures et demie pour entendre les deux magistrats, MM. Fabre et Bidault de l'Isle. Dans l'entre-deux, je vais à l'enterrement de Gaston Calmette.

Tandis que les chants de la liturgie se développent avec magnificence, je songe à ce camarade de ma jeunesse tragiquement frappé à son poste de combat. Dans quelle lutte affreuse il est tombé, cette séance de ce matin me l'éclaire encore! Ce n'est pas une lutte qui satisfait toute l'âme, une lutte pour la patrie, la religion, la foi; c'est dans un choc d'intérêts, plus noir encore par cette absence d'idéal, qu'il a trouvé son guet-apens.

*
* *

Le procureur général Fabre. Un homme à cheveux blancs, intimidé dans la minute où il franchit notre porte et qui, assis, fait un effort pour se ressaisir et y parvient.

Tout de suite les amis de M. Caillaux essaient de l'intimider. Comme il cite une date, en donnant l'année, sans plus, on lui demande de préciser le mois. Il s'excuse et reçoit ce soufflet :

— Vous avez oublié de faire une note, cette fois !

Mais l'instant d'après, il dit :

— Mon document je l'ai confié au ministre de la Justice, qui ne devait pas en disposer.

Et, pour une seconde, le voici redevenu *persona grata.*

— Très bien ! Très bien ! disent les mêmes qui viennent de murmurer.

M. Fabre est un homme nerveux, méridional, qui parle bien, très bien. Je n'ai jamais vu un homme dépenser autant d'éloquence à établir le bilan des humiliations qu'il a encaissées. Il a reçu un ordre, et, trente fois, il insiste sur le mot « ordre ». L'acte qu'il a dû accomplir a fait courir sur lui mille bruits à sa honte.

— Pouvais-je résister à cet ordre injuste? Oui, mais c'était ma perte certaine. A la première occasion, on aurait brisé ma carrière. Ah! vous pensez que j'aurais dû démissionner? Rien de plus commode que de donner des leçons de vertu et d'héroïsme...

— Langage cynique, disaient à mi-voix quelques-uns des enquêteurs.

Et moi, je dis :

— Non, il est net.

Ce n'est plus le procureur drapé dans sa rhétorique, c'est le pauvre fonctionnaire, bien désarmé devant les puissants et qui défend son gagne-pain.

— J'ai servi treize ministres de la justice, dit-il. Puisse ce treizième ne pas me porter malheur! Croyez-vous que ce soit facile de vivre, de durer au milieu d'hommes politiques qui se déchirent? Je me suis maintenu comme j'ai pu entre ces frères ennemis.

Ah ! nous ne permettons pas à nos fonctionnaires de n'être pas sublimes ! Nous voudrions qu'ils s'ouvrissent le ventre plutôt que d'obéir aux ordres injustes que nous leur donnons ! Nous le méprisons, ce fonctionnaire sans héroïsme ! Moi je commence à l'aimer. C'est un esclave, un pauvre esclave que je vois là, sur cette chaise, tourmenté de questions par Ceccaldi, Franklin-Bouillon, Hesse, Paul Meunier, toute une armée. Les heures passent ; ils redoublent. Mais lui, il trouve une force nouvelle dans sa joie de proclamer combien il fut humilié.

*
* *

Nous avons entendu les trois protagonistes, et nous ne sommes pas arrivés à nous faire dire l'intérêt que trouvait le gouvernement à être agréable à Rochette et à lui donner un supplément de loisir pour continuer son brigandage. Du premier coup d'œil, on vit bien que ce ne serait pas M. Bidault de l'Isle qui éclaircirait le mystère.

Assez empêtré de gestes, un peu sourd, portant binocle, il commence :

— Je n'ai pas dit la vérité en 1912, je vais la dire cette fois-ci :

On murmure :

— Le pauvre homme !

C'est un esclave encore. Et qui d'ailleurs ne ménage guère le premier. Il en fait une caricature :

— M. Fabre dit dans sa note qu'il était indigné. Je ne m'en suis pas aperçu, non plus que de ses scrupules. Il est toujours un peu vibrant. A l'audience, quand il parle, je voudrais lui souffler : « Calmez-vous donc ! »

Lui, il a trouvé tout si simple ! Un jour, le procureur général, qui représente l'intérêt public, et l'avocat Maurice Bernard, qui représente l'intérêt de Rochette, se sont trouvés d'accord pour la remise de l'affaire ; alors il s'est accommodé à l'avis de ces messieurs. Et pourtant, quel ennui c'était pour lui de déranger son tableau d'ordre ! quel tracas, quel surcroît de complications !

— Je n'ai pas envisagé ce qu'était Rochette, je ne m'en soucie pas, je ne sais pas s'il a fait des opérations frauduleuses. Je ne sais pas non plus ce qu'ont voulu

MM. Caillaux et Monis. C'est de la politique. La politique n'a pas pour moi d'importance.

On lui montre qu'il n'est plus d'accord avec ses déclarations de la première enquête.

— C'est que je ne voulais pas contredire M. le Procureur général!

Il a beaucoup de succès. Comme un auditoire varie! Tout à l'heure on savait mauvais gré à M. Fabre de ses humiliations, celles de M. Bidault de l'Isle enchantent.

Un autre mot de lui qui soulève une vive satisfaction, c'est quand il déclare avec autorité d'un de ses confrères (d'ailleurs justement estimé) :

— Ah! M. Le Poittevin! Il est si fort qu'en huit jours il a fait un volume.

O sancta simplicitas! Mais ne ferait-il pas le naïf? Ne jouerait-il pas les Jean-Jean?

J'ai à part moi l'idée qu'entre ces deux robins, maître Bernard était un prétexte honnête et que tous deux, Bidault de l'Isle comme Fabre, ils comprenaient très bien de quoi il retournait.

Il retournait de sacrifier l'épargne française, l'immense peuple des gogos, aux brigandages de Rochette, aux combinaisons du gouvernement, et à je ne sais quelle caisse noire.

Aujourd'hui, deux maîtres et deux esclaves n'ont pas voulu nous renseigner. Demain, quelque rayon de lumière viendra-t-il éclairer ce cloaque où il y a du sang?

II

MONSIEUR X

(Écrit le samedi soir 21 mars 1914.)

Il est près de huit heures, et voici seulement que nous sortons de la séance de la Commission. Elle fut consacrée à l'audition d'une série de magistrats qui sont venus en corps, pourrait-on dire, soutenir le procureur général et faire bloc, ma foi, contre les politiciens. Tous, l'un après l'autre, dans cette sorte de défilé corporatif, ils exhalent une même plainte; ils dénoncent la pression abusive exercée sur eux et sur la justice par le pouvoir exécutif... Mais je vais à l'essentiel. Un nouveau personnage vient de faire son apparition sur la scène. C'est lui qui préside le drame, c'est lui qui l'a créé, il en sait tous les secrets. Malheureusement, il porte un masque sur son visage.

Il a surgi cet après-midi, et c'est Me Maurice Bernard qui a introduit parmi nous ce personnage mystérieux.

Me Maurice Bernard, un Lorrain de Nancy, devenu une figure de Paris. Un homme solide, armé d'une merveilleuse clarté d'esprit et de parole, et qui le sait. Ah ! l'avocat ne ressemble pas aux magistrats que nous avons vu défiler hier et ce matin. Il a une autre liberté, un autre ton, une autre allure. Il avait l'air de nous dire : « Si vous n'êtes pas satisfaits, messieurs, de mes paroles et de mes silences, eh bien ! ça m'est égal. Je n'ai besoin d'aucun de vous. J'ai des amis et ma conscience. »

Aujourd'hui, il s'est fait fort de son indépendance d'avocat pour proposer à la France entière une effroyable énigme.

— Un jour, nous raconte-t-il, quelqu'un que je ne veux pas nommer vint me trouver dans mon cabinet et me dit : « Vous pouvez demander la remise de l'affaire Rochette au procureur général, car elle est accordée d'avance. » Je n'y croyais pas beaucoup, car M. Fabre poursuivait Rochette avec ardeur. Mais c'était l'intérêt de Rochette et, d'autre part, je me sentais fatigué. Je demandai la remise au magistrat. Elle me fut refusée. Je fus fort mécontent, non pas du refus en lui-même, mais d'avoir fait un pas de clerc. Très peu de jours après, on vint me dire de réitérer ma demande, et que la remise, cette fois, me serait accordée. Je refusai de faire cette seconde démarche. On me dit qu'en ne sollicitant pas cette remise, je mettais le procureur général dans un mauvais cas. On me pria de vouloir bien accepter ce que j'avais refusé la veille. Enfin je cédai, je fis la demande, et j'eus ma remise. Et même, on me la donna avec magnanimité, à très longue échéance, sans que j'eusse pensé à la désirer aussi lointaine.

Le voici donc posé, et qui s'avance à pas feutrés, le tout-puissant personnage qui sait tous les secrets du drame dont il fut le principe, le mystérieux inconnu qui, désormais, attire sur lui tout l'intérêt du débat.

— Vous ne voulez pas le nommer, maître Bernard ?

Et, par trente fois, Me Maurice Bernard répond :

— Mon honneur d'avocat m'empêche de dire son nom. Sachez, toutefois, qu'il n'est ni un homme politique, ni un journaliste.

Je pris alors la parole.

— Maître, vous venez de créer un personnage qui entre, à cette heure, dans l'histoire du régime parlementaire. Vous n'avez pas levé son masque. Mais comment ne pas le reconnaître, ce visiteur que votre devoir vous empêche de nommer, qui soigne si puissamment les affaires de Rochette, qui n'appartient ni au journalisme, ni à la politique, et qui dispose des ministres ? Aucun doute. C'est Rochette. Rien de plus logique. Rien de plus infamant pour nos maîtres.

Me Maurice Bernard s'est tu.

Cette apparition monstrueuse, c'est le grand fait qui domine la journée. Après cela, qu'importe le défilé des magistrats qui sont venus pendant des heures, successivement, certifier, en la nuançant, la véracité du procureur général. Il y a entre eux des divergences, mais, au total (c'était l'avis unanime), à trois ans de distance, ils s'accordent mieux sur l'historique des faits consignés dans le document Fabre, que nous autres, commissaires, nous ne sommes à même de le faire sur telle déposition de la veille, quand nous n'en avons plus la sténographie sous les yeux. Ils piétinaient, répétaient à satiété des faits devenus indifférents, maintenant que nous savons qu'un certain Monsieur X a mis en branle Me Bernard, le procureur et les ministres.

Au soir, dans le moment où l'on allume l'électricité, nous vîmes réapparaître soudain, parmi nous, le mystérieux personnage. C'est M. Monis qui se chargeait de nous le ramener.

La mise en scène, cette fois, était, au vrai sens du mot, dramatique, car sur notre petit théâtre, je veux dire au centre de notre table en fer à cheval, ce n'était pas comme tout à l'heure un personnage qui faisait paisiblement sa déposition, mais deux adversaires qui s'affrontaient. Nous avions mis en présence M. Monis et le procureur général Fabre.

Deux chaises étaient préparées. Elles parurent trop rapprochées à un huissier prudent. Il avait vu dans les couloirs ces deux messieurs et il jugeait que la lutte ne serait pas sportive, les champions n'étant pas de même classe, Monis plus lourd, Fabre plus svelte. Il s'élança pour écarter les deux chaises.

Les deux lutteurs s'assirent et commencèrent de disputer, mais sans jamais se mesurer du regard.

M. Monis a-t-il donné un ordre? C'est l'affirmation de M. Fabre. Ou bien a-t-il simplement donné des suggestions? C'est ce que le ministre affirme.

M. Jaurès, paternellement, les exhortait à faire un effort pour harmoniser leurs souvenirs.

Peine perdue, éloquence superflue! Ils se seraient plutôt dévorés.

— Si je vous avais donné un ordre, dit Monis (et rien ne respirait plus la haine que ce dialogue pressé entre ces deux hommes qui se touchaient presque du coude, se déchiraient avec des mots et ne se jetaient pas un regard), si je vous avais donné un ordre, vous n'auriez eu qu'à obéir ; vous ne seriez pas revenu me voir.

— Mais je suis revenu parce que vous m'avez téléphoné ! Et c'est ce même coup de téléphone qui a bien obligé mes hésitations à cesser. Ce fut un coup de fouet qui m'a rappelé à la réalité.

Et quelle réalité ! La destitution prochaine, si l'esclave n'était pas docile.

Mais Monis bondit :

— Jamais je ne vous ai téléphoné, ni fait téléphoner.

Moi. — Le téléphone marche donc tout seul dans votre cabinet ministériel, monsieur Monis ?

Lui. — Il y a toujours des mystificateurs. Ainsi, tenez, l'autre jour, on me dit : « M. Caillaux vous demande au téléphone. » J'y vais, j'y trouve en effet M. Caillaux, qui me répond : « Moi ! mais je ne vous demande pas ! Au contraire, on m'a dit que vous m'appeliez. »

Et le pauvre M. Monis ne voulut pas démordre de cette explication piteuse. Il n'avait pas envoyé le coup de téléphone, et il ne pouvait pas soupçonner qui l'avait envoyé.

Holà ! monsieur le ministre, vous aussi, comme Me Maurice Bernard, vous faites surgir M. X ? Car enfin, soyons net. Cette affaire de la remise à obtenir, cet ordre ou cette suggestion que vous venez de donner à votre procureur, n'étaient connus que de vous, du procureur Fabre et du mystérieux X, que nous venons de voir apparaître plus haut chez Me Maurice Bernard. Si ce n'est pas vous qui avez téléphoné ou fait téléphoner, ce ne peut être que M. X, impatient d'obtenir ce qu'il veut.

Et, cette fois encore, nous sommes bien obligés de conclure que cet X, cet homme masqué, qui semble chez lui au Ministère, c'est Rochette.

M. Monis ne trouve pas de son goût cette observation.

— Ah ! s'écrie-t-il, vous êtes d'une ingéniosité que j'admire. J'ai posé devant votre objectif qui n'est pas bienveillant. Le talent que vous mettez dans les descriptions me fait plaisir, parce que je sais savourer l'art partout où je le trouve, mais en vérité, j'admire votre ingéniosité. Parce qu'il y a un coup de téléphone, il faut admettre que j'ai chez moi quelqu'un qui est le mandataire de Rochette.

Et M. Monis de soulever un incident en me contestant le droit de publier des articles.

Là-dessus, immédiatement, j'ai interrogé la Commission :

— Ai-je outrepassé mon droit ?

Le président et mes collègues ont été d'avis que la question n'avait même pas à être posée.

Que diable ! dans ces ignominies il est temps que le public soit renseigné. C'est la tâche que je me donne.

III

LES FRÈRES ENNEMIS

(Écrit le lundi soir 23 mars 1914.)

Ce matin, je suis arrivé un peu en avance à la Commission. Nous avons quelques minutes avant que le spectacle commence, voulez-vous que je vous dise comment cela se passe?

Nous siégeons dans un des bureaux où se réunissent les commissions ordinaires, une pièce assez haute, assez grande, dont les deux larges fenêtres donnent sur le jardin intérieur du Palais-Bourbon. Une table à tapis vert, en forme de fer à cheval, l'occupe entièrement. Nous nous asseyons tout autour au hasard de notre arrivée et chacun a devant soi du papier, de l'encre, des plumes. Faute de places, les derniers venus doivent se tenir en arrière, contre le mur, et prennent des notes sur leurs genoux.

Dans un coin, près de la fenêtre, devant une petite table, se tiennent quelques sténographes et le rédacteur chargé de rédiger cette analyse que les journaux publient chaque jour. A l'angle opposé, près de la porte, se trouve une autre petite table chargée de bouteilles d'eau, de verres et de petits pains. De temps à autre, entre deux dépositions, nous crions : « Fenêtre ! fenêtre ! » Et, pour quelques minutes, on renouvelle l'air empesté.

Hélas ! la puanteur morale est moins facile à dissiper.

A chaque fois qu'un témoin est introduit, tout le monde se lève. Le président lui adresse un mot de courtoisie et, en face de lui, l'invite à s'asseoir entre les deux branches que dessine notre table. Le témoin parle sans que personne l'interrompe. Ceux des commissaires qu'une phrase met en éveil, d'un geste se font inscrire. Quand le témoin a cessé de parler, le président procède à l'interrogatoire, puis, selon l'ordre d'inscription, donne à chacun de ses collègues la parole. Et pour finir, après un remerciement du président, chacun s'étant de nouveau levé, le témoin se retire.

O vertu des formes procédurières ! ô puissance calmante de la règle ! Au fond de cette affaire, il y a un homme assassiné, il y a d'innombrables malheureux mis à nu par un escroc, il y a des chefs de gouvernement qui mentent avec solennité, il y a des hommes politiques qui se poursuivent le poignard à la main. Mais les formalités brisent les mouvements de passion, et les interminables palabres recouvrent sous des mots l'affreuse réalité des faits. Ce qui permet aux uns de dire, quand un détail prête à sourire, que c'est une affaire comique, et aux autres de souligner tout ce fatras en s'écriant : « Et c'est avec ces ragots que l'on trouble un grand et beau pays ! » Mais ni les uns ni les autres n'arrivent à dissimuler, sous une apparence de comédie parlementaire, le drame profond qui se joue. Et celui qui maintient son regard sérieux sur ces choses confuses ne cesse pas un instant d'y discerner un grand spectacle d'histoire.

*
* *

A neuf heures trente-cinq, on introduit M. Caillaux. Il entre, salue, s'assied et trouve quelque difficulté à étaler son dossier sur une chaise. Alors un de ses amis, se levant, lui cède sa place à la table des commissaires, à la gauche du président. Il l'accepte, s'y va installer, mais dans le même moment on apporte une petite table et, d'un accord commun, il retourne à la chaise ordinaire des témoins.

Ce n'est plus le Caillaux, le personnage Louis XV, que nous sommes accoutumés de voir. Son visage, à l'ordinaire d'une mobilité extraordinaire, a plus de sérieux, un sérieux aigu et fort. Contre son habitude, il lit, avec de longs arrêts, pour mettre en valeur sa pensée, et une action très variée. Continuellement il frappe des deux mains à plat sur la table, comme sur un piano, accompagnant et soutenant de cette musique ses serments. Par instants, il est profondément ému, les yeux et la voix troublés. Il a la fièvre. « Donnez-moi à boire, » dit-il à l'huissier qui lui verse un verre d'eau. Il charge, dans un récit bien mené, MM. Barthou et Briand et dix autres personnes. Il prend à témoin ses amis : « N'est-ce pas, Ceccaldi? » Ah! la campagne est féroce contre moi. Eh bien! je me défends! L'instant d'après, il pose son poignard et redevient un conteur agréable de choses financières. Il fait une brillante leçon sur le caractère général des affaires créées par Rochette. Il signale leur vice et indique que ce même vice se retrouve dans d'autres affaires créées par d'autres financiers et non poursuivies. Le morceau est excellent de clarté pédagogique. On dirait un chapitre d'*Eulalie ou les Finances sans larmes*.

Pour finir, avec l'élasticité et le ressort d'un danseur, il se lève, paraît s'élancer, et déclare :

— M. le procureur Fabre prétend que le 22 mars, M. Monis lui a dit que je désirais une remise de l'affaire Rochette, à la suite d'une conversation que j'avais eue avec Me Maurice Bernard. Or, voici un agenda qui est tenu très exactement pour tous mes rendez-vous. Il indique que c'est le 24 mars seulement que j'ai reçu Me Maurice Bernard.

C'est taxer d'inexactitude le document Fabre. A tour de rôle nous examinons l'agenda. C'est un petit registre de bureau en chagrin noir. Au 24 mars, la page porte une dizaine de rendez-vous. L'avant-dernier, avec Me Maurice Bernard.

On décide d'entendre le procureur Fabre. Mais avant de le faire entrer, il y a suspension de séance. M. Caillaux a demandé dix minutes pour se reposer.

*
* *

A onze heures, entrent les deux témoins pour la confrontation. M. Caillaux passe devant. Ils prennent place, M. Caillaux fixant assez impérieusement le magistrat, qui, lui, ne détourne pas les yeux de Jaurès.

Jaurès met le procureur au courant de l'agenda et le lui tend. Le procureur sans bouger, d'un geste déférent et indifférent, indique qu'il juge inutile d'examiner le registre.

La minute est émouvante. Si le procureur convenait de s'être trompé sur la date, toute la troupe qui assiste de son amitié, de ses vœux, le chef malheureux, crierait :

— Il s'est trompé sur la date : la mémoire lui a manqué ; elle lui a manqué sur le tout. Une erreur disqualifie tout le document.

Bien plus, ils reprendraient le système essayé puis abandonné par M. Monis : le document est de fabrication récente.

Mais le procureur, avec son air triste et résigné, sous tous ces fusils, ne bronche pas. Et de cet accent méridional, qui ne semble fait que pour accompagner le plaisir, il répète avec douceur :

— Eh ! que voulez-vous que j'y fasse ! J'ai mis sur cette note, sur cet aide-mémoire la date exacte. Dans ce premier moment, tout près de l'entrevue, je n'ai pas pu me tromper.

Alors, Caillaux continue. Employant tour à tour, avec les ressources les plus pathétiques, l'autorité d'un chef sur un subordonné, et les accents d'un galant homme envers un égal, il veut arracher au malheureux magistrat des charges contre Briand et Barthou. A plusieurs reprises, d'un jeune élan, il se lève, le bras et la main tendus :

— Je jure que je dis la vérité !

Mais M. Fabre, toujours assis, n'a pas moins l'accent d'un homme véridique. Sa manière terne et ferme, son sourire résigné et ses négations constantes ne sont pas moins persuasives que la fougue et la variété de son brillant adversaire. Sur certains points il donne satisfaction à l'ancien ministre :

— Jamais, parlant à ma personne, vous ne m'avez entretenu de Rochette.

Et M. Caillaux, à mi-voix, de dire : « Merci, monsieur. » Il répète encore : « Merci. » De quoi le remercie-t-il ? Le procureur a toujours dit que c'était par Monis seul qu'il croyait connaître l'intérêt de Caillaux pour la remise du procès Rochette.

A peine M. Caillaux pense-t-il s'être dégagé une jambe qu'immédiatement il cherche à se dégager l'autre et redevient féroce. Il envoie des coups de poignard dans toutes les directions. A Briand, à Barthou, ailleurs, et plus haut encore. Pour ma part, je ne comprenais pas toujours où tendaient ces furieuses attaques, car je sais mal les secrets du sérail gouvernemental.

Devant cette commission où sa bonne grâce et ses faveurs lui ont assuré de longue date les plus nombreuses et les plus énergiques amitiés, vous pensez s'il était soutenu. Ses partisans criblaient de questions le procureur et lui firent subir, tous en même temps, dans cette longue heure, plus de réquisitoires qu'il n'en dresse dans un semestre.

Les amateurs frémissaient de joie. Le cercle se resserrait. Toutes les têtes étaient tendues. On faisait : « Ah ! ah ! » aux bons coups. C'est Caillaux qui le tient ! Non ! non ! le procureur le met par terre.

Quel affreux, quel injuste spectacle qui m'offense ! Je ne puis pas supporter qu'on dégrade un homme et moins encore une fonction. Et surtout, que m'importe ces discussions qui ne changent rien au fait principal, trop prouvé : un procès avait lieu, et le président du conseil a voulu en parler avec le magistrat ên s'appuyant sur l'autorité du ministre des finances. Cela n'est pas douteux. Cette intrusion, à elle seule, est un scandale. La justice n'existe qu'à la condition qu'aucune espèce de puissance n'intervienne auprès du juge.

*
* *

Après sa déposition, M. Caillaux, sorti de notre salle, dit à l'huissier dans le couloir :

— Appelez monsieur Ceccaldi !

Ceccaldi arriva au trot. L'autre l'entraîna dans l'embrasure d'une fenêtre, et les deux hommes debout, se tenant par la taille, causèrent, la bouche contre l'oreille. Ainsi enlacés et chuchotants, ils demeurèrent là, plusieurs minutes, immobiles, au milieu du va-et-vient des curieux. Pour finir, Caillaux, resserrant encore l'étreinte, embrassa Ceccaldi :

— C'est bon un ami, dit-il.

*
* *

Vers le soir, notre cinématographe nous ramène Me Maurice Bernard, toujours pareil à lui-même et toujours peu disposé à soulever le masque de M. X..., sous lequel il n'est que trop facile de deviner le tout-puissant Rochette.

En vain Jaurès l'adjure :

— Quel est-il donc, ce monsieur X..., qui est venu vous dire : « Maître Bernard, » demandez une remise, vous l'aurez. Mar» chez, la voie est libre ? »

Me Bernard, les bras croisés, écoute, soupire, regarde le sol, le plafond, et laisse couler une éloquence contre laquelle il m'a tout l'air mithridatisé.

Maintenant, c'est son tour de bien parler. Il affirme froidement qu'il est, lui aussi, rempli d'émotion. « Toutefois, dit-il galamment à Jaurès, c'est une émotion moins débordante que la vôtre. » Il s'attache surtout dans la vie à la solidité morale des principes. Et c'est pour lui un principe intangible que le respect du secret professionnel.

J'admire ces deux âmes oratoires, mais je n'espère pas que de leur choc jaillisse la lumière.

En vain appelle-t-on Caillaux à la rescousse. Ces messieurs se retirent et font place à Briand, sans que nous connaissions le secret de Polichinelle.

A cinq heures et demie, M. Briand commence de parler. Une parfaite simplicité de ton, qui ne prête à aucun commentaire. A peine un peu de pâleur. Il entame sur le champ un long récit très clair de son rôle dans toutes les phases de cette interminable affaire Rochette. Il nous confirme l'authenticité du document Fabre, et il ajoute qu'à ses yeux cette note n'était pas une pièce de chancellerie, qu'elle ne se rattachait officiellement à aucun dossier et que, d'autre part, lui et Barthou avaient énergiquement pesé sur leur ami Calmette pour qu'il ne la publiât pas :

— Gaston Calmette, pour qui j'avais la plus grande amitié, et de qui je respecte la mémoire, nous avait donné, à l'un et à l'autre, sa parole d'honneur de ne pas publier cette pièce dont il s'était, je ne sais comment, procuré une copie, et je suis sûr que ce parfait honnête homme n'eût pas manqué à sa parole.

Et ses deux mains jouant, tantôt ouvertes, tantôt fermées, sur le buvard de sa table, il avait l'air de nous raconter une histoire du boulevard, quand tout d'un coup nous nous sommes aperçus que nous entrions en plein Byzantinisme, dans l'Histoire secrète de Procope. Qui n'aimerait cette manière sobre jusqu'au grisâtre de raconter des choses sinistres ? Depuis le matin nous voyions donner des coups de poignard. Celui-ci ne s'en priva guère. Mais ceux qu'il tuait, en deux tours de main il les mettait à nu. C'était superbe et affreux.

Voici quelques échantillons de la manière.

Quand M. Briand eut reçu du procureur général le document, il se hâta d'en donner quelques indications au Conseil des ministres, car il n'eût pas voulu garder pour lui seul ce qui devait légitimement intéresser ses collègues. Dans la suite, il eut l'occasion d'en dire quelques mots à M. Caillaux et à M. Monis, — ce pauvre M. Monis, à la mémoire toute courte, qui oublia absolument cette communication, comme on l'a bien vu dans la séance publique. Là-dessus, M. Caillaux, pris d'émulation, voulut, tout comme M. Briand, avoir son petit document Fabre. Il fit venir à son cabinet le procureur général, et le pria de lui faire certain récit sur le rôle qu'aurait joué M. Briand dans l'arrestation de Rochette. Cependant il avait posté derrière un rideau son secrétaire qui, au départ, rédigea et livra à son patron le procès-verbal de l'entrevue. Tel est le récit de M. Briand qui ajoute : « J'en fus informé par une personne que M. Caillaux lui-même chargea de m'avertir pour m'inviter à me tenir tranquille. »

Je ne sais pas si vous êtes comme moi, mais quand j'entends de pareilles histoires, je tâte mes poches pour savoir si j'ai toujours ma montre, mon porte-monnaie et mon portefeuille.

Ah ! cette déposition de Briand ! Quel jour sur la vie des ministres à ce moment de la troisième République ! On s'explique la tristesse, le désabusement de ce procureur général, qui est venu d'Aix-en-Provence, où il collectionnait les œuvres de Mistral, pour vivre cette vie infernale entre ces politiciens qui aiguisent sur son crâne leurs couteaux !

IV

LES TROIS FILS DE LA LOUVE

(Écrit le mardi soir 24 mars 1914.)

Maintenant, c'est le tour de Barthou.

Qu'il entre, qu'il s'explique, le traître, et tous les hommes de Caillaux piétinent d'impatience guerrière.

Qu'ils le détestent! En leur cœur est toujours vivante la séance publique du 17 mars, la séance où le document Fabre apparut à la lumière. Si nous voulons ressentir ce qui se passe en eux, ranimons en nous ces images d'il y a huit jours.

Monis venait de nier largement, nettement, qu'il connût le document, et qu'il eût pesé sur le procureur Fabre. Doumergue s'était écrié : « C'est aux accusateurs d'apporter la preuve ; on n'a rien prouvé. » — « J'ai vu le document, » avait dit crânement Delahaye. — « L'original ou la copie ? » — « La copie. » Tous alors de le chasser de la voix et du geste. L'allégresse de la majorité se répandait avec fureur. C'était une danse du scalp : « On ne veut plus écouter... Vous n'avez qu'à descendre de la tribune... Nous sommes édifiés. » Mais soudain un socialiste a une idée : «M. Barthou pourrait peut-être nous fournir quelques éclaircissements ? » L'autre se dresse : « Me voici ! » et s'en va vers la tribune, d'où Delahaye, en hâte, descend, comme un artificier, sa mèche allumée, décampe.

M. Barthou prit la parole. Son récit est aujourd'hui fameux : « Le procureur général Fabre, dit-il, a raconté qu'il avait été victime d'une pression de M. Monis. Il en a dressé un procès-verbal. » Et ce disant, de sa poche gauche, avec le geste le plus aisé, il tire un papier proprement plié qu'il pose sur la table de la tribune : « Voici le document, voici l'original. »

Des poings tendus le menacent : c'est lui

qui a fait la campagne du *Figaro!* Et dans les couloirs, après la séance, tous disaient : « Nous le traînerons devant une Haute Cour. »

*
* *

Telle était la fureur le 17. Huit jours ne l'ont pas apaisée. Mais trêve de souvenirs. Louis Barthou vient d'entrer dans notre bureau de la Commission d'enquête. Levons-nous tous. Asseyons-nous. Il commence de parler, ce petit homme aux yeux fatigués. Il n'a pas l'air d'un saint Sébastien. C'en est un, pourtant! tout transpercé par les regards et les mille flèches silencieuses des fidèles archers de Caillaux. « Le voilà, disent-ils, celui d'où nous vient tout le mal! Gare au défaut de sa cuirasse! »

Mais pour débuter, c'est lui, l'audacieux Béarnais, qui hardiment prend l'offensive.

— Moi! j'aurais fait la campagne du *Figaro!* Allons donc! je l'ai empêchée, il y a deux mois. Sur la sollicitation de M. Doumergue et de M. Caillaux, j'ai convaincu M. Calmette d'abandonner les armes terribles qu'il avait en main.

Quelles armes? Des dépêches mortelles pour M. Caillaux, et qui concernent la politique étrangère.

Il dit, et, sans laisser à l'adversaire le temps de respirer, il lui porte une nouvelle botte :

— Je tiens de M. Caillaux lui-même la raison pour laquelle il a demandé à M. Monis d'obtenir la remise de l'affaire Rochette : Rochette avait la liste des frais d'émission relatifs à ses entreprises, et menaçait de la publier.

Quelle révélation!

Vous pensez bien qu'elle ne resta pas cinq minutes enfermée dans notre bureau. Avec la rapidité d'une bombe, elle alla faire explosion au milieu des journalistes et des députés. Ah! ah! disaient-ils, nous nous en doutions. Les puissants de ce monde subventionnés par Rochette, pour n'être pas dénoncés, ont pressé sur Caillaux et Monis!

Nous écoutons Barthou. Nous ne bougeons plus. Cependant il continue et profite de la prise qu'il a sur son auditoire pour nous expliquer le plus délicat de son affaire, à savoir comment il est entré en possession du document Fabre.

— J'ai été un peu embarrassé par ce document d'un caractère imprévu. Je voulais le verser à la direction des affaires criminelles. « Non ! m'a dit Briand, gardez-vous-en bien. C'est un document qui m'a été remis personnellement. — Que faut-il que j'en fasse? — Vous le passerez à votre successeur ! »

Son successeur ! s'écrièrent en chœur les archers de Caillaux. Il l'a mis dans sa poche !

O scandale ! ô mes frères ! Voilons-nous le visage. Et sous le voile nous nous répétons cette histoire d'un Ministre bien connu qui, le lendemain de sa chute, sur ses épaules encore meurtries, emportait quarante kilogrammes de documents secrets. Il fallut que les huissiers et les commis l'arrêtassent. Il allait déménager tout le ministère !

— J'ai fait observer à M. Briand, poursuit Barthou imperturbable, que ce n'était pas un document de chancellerie. La meilleure preuve est qu'il n'est pas enregistré.

comme je voyais de graves inconvénients à le faire passer de main en main, je l'ai gardé. J'ai pensé un instant à le brûler. Heureusement que je n'en ai rien fait! Que ne dirait-on pas aujourd'hui? Je gardai donc le document, considérant que j'en étais dépositaire envers M. Briand. Je l'ai toujours refusé à ceux qui me le demandaient. Quand mon ami Gaston Calmette, qui l'avait eu je ne sais d'où, a eu l'intention de le publier, je l'ai supplié de n'en rien faire. Et j'y suis parvenu, grâce à l'appui que m'a donné dans le même sens M. Briand.

Pour faire face aux murmures que soulève sa déclaration chez ses adversaires, M. Barthou, une fois encore, prend à partie M. Caillaux. Et il reprend l'ignoble histoire du rideau :

— Je reçus un jour Me Maurice Bernard, qui m'apprit que M. Caillaux venait de lui dire : « Ils ont leur procès-verbal, moi aussi, j'ai le mien. Le procureur général Fabre m'a raconté chez moi, dans quelles conditions MM. Barthou et Briand lui avaient donné l'ordre de mentir devant la Commission d'enquête. Et, tandis que M. Fabre parlait dans mon cabinet, j'avais deux personnes dissimulées derrière les portières qui ont tout entendu et qui en ont dressé un procès-verbal. »

Voilà des histoires à dégoûter de tous nos politiciens, mais bien propres à faire de Barthou un petit Saint-Jean à côté de Caillaux! Elles eurent l'effet qu'il en espérait, un effet calmant, lénifiant, sur ses âpres ennemis.

Ah! tous les membres de la Commission n'étaient pas satisfaits! Beaucoup étaient irrités, d'une irritation longue et accumulée, et plus encore de ne pas trouver le moyen de satisfaire leur haine. Mais ce malin Béarnais, bien à l'aise, trouvait autant de vérités désagréables à entendre qu'on lui posait de questions difficiles à résoudre, et les envoyait tout droit comme des pelotes sur le mur du fronton. O miracle d'un souple joueur! Ce fut une matinée charmante, à la française. Tel est l'art subtil et familier des compatriotes du bon roi Henri IV.

Je le répète, un charmant travail bien français, mais tout de même d'une philosophie un peu courte. Sans doute, quand on est au mur de la pelote basque, ce n'est pas le temps de philosopher. Mais si l'on a l'honneur de tenir le rôle, le grand rôle de vengeur de la morale publique, que diable! il faut le savoir! Non, Barthou, ce n'est pas pour honorer la mémoire de Calmette, pour riposter à Caillaux, que vous avez porté courageusement à la tribune le document Fabre, c'est pour dénoncer et empêcher à l'avenir l'intrusion de la politique dans l'exercice de la justice.

Mais que vais-je parler d'intérêt général, d'assainissement politique, de conception philosophique et de volonté du bien public! Nous n'assistons pas là à des chocs de systèmes, mais à des luttes de personnalités. Je regarde MM. Caillaux, Briand et Barthou. Pourquoi se battent-ils? Ils sont si bien faits pour collaborer! Ce sont des intelligences capables de s'engrener les unes dans les autres, comme les roues d'une montre. Il ne manque que l'horloger pour monter, ajuster l'instrument. Nous vivons en parlementarisme, et la règle du jeu, c'est la bataille. Nos gens se battent, mais ils ont à peu de chose près la même conception politique. Sans doute Caillaux veut l'impôt sur le revenu que repoussent les deux autres. Mais qui ne sent que c'est là une opinion prise comme une arme. Cette arme de l'impôt sur le revenu, Barthou ou Briand auraient pu la saisir s'ils l'avaient crue favorable à leur ambition. Il n'y a là rien qui tienne à la formation profonde d'aucun des trois. Expliquez-moi pourquoi cet aristocrate de Caillaux se trouve être un chef de la démocratie avancée ? Caillaux, Briand et Barthou me semblent trois jeunes chiens qui ont formé leurs forces en jouant ensemble dans le chenil parlementaire. Ce sont trois vigoureuses bêtes d'une même portée dans la minute où l'on sert la soupe. Vienne le moment où ces hommes, dont les visées et l'horizon ne diffèrent pas, sont amenés à se disputer le pouvoir ; ils ne savent et ne peuvent que se faire une guerre personnelle. Ils s'envient les portefeuilles pour le plaisir légitime d'exercer leur activité, mais non pour faire triompher chacun une vue particulière. De là l'âpreté de cette lutte. Ils ne peuvent pas s'atteindre dans leurs idées : ils n'en ont pas ou elles leur sont communes. Ils s'atteignent dans leurs personnes. Si MM. de Mun, Ribot, Jaurès se disputaient le pouvoir, ils n'auraient que faire de se poursuivre dans les faits de leur vie, ils se reprocheraient chacun leurs conceptions de l'univers. Caillaux, Briand et Barthou n'ont point de si vastes surfaces de frottement. Ils se bombardent d'accusations personnelles, parce qu'ils ne peuvent pas se jeter les principes à la tête, et faute de pouvoir se saisir solidement par leurs programmes, ils se saisissent aux cheveux.

Quelle lutte atroce ! Les uns et les autres finiront par mourir d'une maladie de cœur. C'est la destinée des hommes politiques. Mais pas tout de suite ! Ils dureront : ils ont de la défense. Leur cœur périssable palpite sous une épaisse cuirasse. Tout de même, dans ce moment, leur mère, la louve parlementaire, doit les regarder avec bien de la tristesse !

Elle-même, la pauvre bête, elle est bien malade. Il n'y a plus de partis dans cette Chambre, ni peut-être dans le pays. Rien qu'une masse amorphe et désabusée, avide d'être vigoureusement gouvernée, où quelques bêtes de proie se disputent, comme elles peuvent, une précaire royauté.

P.-S. — L'après-midi fut indigne d'une si heureuse matinée. Nous n'avions aucune grosse pièce à notre tableau. Des magistrats, des liquidateurs, à qui nous demandions vainement où en étaient les affaires de Rochette au moment de la remise exigée par Caillaux et Monis. Avez-vous pu trouver trace de subventions données à des hommes puissants qui auraient agi sur les ministres?

A ces questions intéressantes, nous n'avons obtenu aucune réponse notable. Et pourtant, aujourd'hui que la véracité du document est certaine, il faut nous en tenir là, revenir devant la Chambre en affirmant la forfaiture des ministres, ou bien obtenir (mais où ?) des réponses à cette question que tout homme de bon sens se pose : Pourquoi voulait-on servir Rochette? que craignait-on de lui? qu'espérait-on de lui?

Toute cette affaire est inexplicable s'il n'y a pas quelque grand secret à son origine. Il faut chercher *cui prodest* et se souvenir qu'un escroc ne réussit qu'autant qu'il intéresse à ses escroqueries quelques personnages puissants.

V

LES ANIMAUX MALADES DE LA PESTE

(Écrit le mercredi soir 25 mars 1914.)

Aujourd'hui, c'est la quadruple confrontation : Monis, Caillaux, Fabre, Maurice Bernard. La plus brillante rencontre de la saison, comme on dit dans les journaux sportifs.

On installe ces messieurs protocolairement : Monis et Caillaux, aux tables d'honneur, MM. Fabre et Maurice Bernard, en lapins, aux deux bouts de notre fer à cheval.

Le président. — Vous jurez de dire toute la vérité?

— Je le jure... je le jure... Je le jure, sauf le secret professionnel.

Oh ! oh ! me dis-je. S'ils se mettent maintenant à dire la vérité, il va falloir tout recommencer !

*
* *

A prolonger ainsi ces séances, ne sommes-nous pas en train de recouvrir sous des bavardages ce que nous avons pu obtenir de clarté ? Nous voulons qu'à trois ans de distance on nous fournisse sur toutes choses, et sur les plus minces détails, des précisions de dates, de sentiments et de mots. Nous tenons à crime qu'on nous déclare sur quelque point ne pas se souvenir. Nous sommes trente-trois à exiger des réponses nettes. C'est le bon moyen pour recevoir des erreurs et des mensonges.

Ce matin, je voyais clairement qu'il n'y avait plus rien à tirer de nos gens. Avec trente-six tâtonnements, ils ont à cette heure, tous ensemble, sous nos yeux, construit un système autour du document. Qu'ils en soient satisfaits ou non, ils n'osent plus y toucher. Il leur faudrait se dédire, rattraper la sténographie. Vaille que vaille, ils s'entêteront.

C'est une construction de fortune, bâtie de silences, de mensonges, de demi-vérités, d'erreurs, mais cette mauvaise glaise est figée, séchée, définitive.

Toutefois, au milieu de cette bâtisse sans vérité, il y a une carcasse de métal qui soutient la glaise et le carton. Voici des faits acquis pour tous, et que nos quatre témoins n'ont cessé de nous rappeler toute la matinée :

M. Caillaux déclare que pour faire plaisir à Me Maurice Bernard, qui se sentait fatigué, et à qui il était reconnaissant d'avoir plaidé pour lui, il a demandé à M. Monis de voir si l'on ne pourrait pas accorder la remise de l'affaire Rochette. M. Monis déclare qu'il a fait venir le procureur général et lui a suggéré de ménager le renvoi de l'affaire. Le procureur général déclare qu'il a reçu de M. Monis l'ordre de faire renvoyer l'affaire, et qu'après de tragiques débats intérieurs, il s'est résigné à obéir pour ne pas être brisé. Me Bernard déclare qu'il a reçu la visite de M. X... qui lui a dit : « Demandez la remise de l'affaire Rochette. Elle vous sera accordée. »

— Mais qu'avez-vous dit, maître Bernard, à M. Caillaux ?

— Je refuse de répondre à cause du secret professionnel.

— Et vous, monsieur Caillaux, qui n'êtes pas lié par le même secret, que vous a dit Me Bernard ?

— Il m'a dit qu'il était un peu fatigué.

— Est-ce bien là, maître Bernard, ce mystère que vous empêche de dévoiler le secret professionnel ?

— Je refuse de répondre.

Que demander de plus ? A quoi bon, durant des heures, prolonger des querelles de dates, des explosions de rancunes, des bavardages sans rapport avec le principe du débat ? Je ne vois là qu'un moyen de tout embrouiller et, comme on dit, de noyer le poisson. La cause politique est entendue. Pour favoriser un escroc, le gouvernement a pesé sur les juges. Quant à fixer le degré de criminalité de chacun, ce n'est pas en les faisant plus longtemps causer qu'on en saura davantage.

Et vous en seriez certain comme moi, si

vous veniez d'entendre, durant sept heures d'horloge, ces fastidieux palabres où voltigeaient avec une souveraine aisance les adverbes : loyalement, franchement, sincèrement, où chacun s'écrie à tour de rôle : J'affirme de toutes les forces de mon énergie et de ma conscience !

Vraiment, je ne vous apprendrais rien en vous répétant ce qu'ont dit ces Messieurs aujourd'hui pour la trentième fois. Et plus que leurs paroles, ma foi, leurs attitudes sont instructives. Regardons-les ensemble.

Caillaux surveille avec une attention aiguë et une perpétuelle agitation. En se déplaçant sur sa chaise, il murmure à mi-voix des menaces sibyllines qu'il jette à droite et à gauche.

Monis a l'air d'être caché dans un sac de pommes de terre. Mais cet homme paisible est toujours prêt à se fâcher. (En cela, d'ailleurs, je lui accorde des circonstances atténuantes.)

Me Bernard, toujours le même, bon pied, bon œil, et de la verve, surveille, lui aussi, l'horizon. Mais surtout il surveille la pendule. Des quatre, c'est lui le plus tranquille. Car il a tout près de lui son impénétrable terrier, où il se glisse à la moindre alerte : le secret professionnel.

Mais j'ai tort. C'est un lion ! Il y a de la fierté dans cette indépendance des avocats qui maintiennent devant les politiciens la dignité de leur état.

Le procureur général Fabre ne parle guère. D'ailleurs, qu'a-t-il besoin de rien ajouter ? Son document parle tout seul et défie toutes les critiques. C'est un homme brimé qui se dit en regardant Monis, Caillaux et leurs zélateurs : « Rien d'eux ne m'étonne plus. » Quand Monis, Caillaux, Me Bernard et la majorité des commissaires assènent sur ce petit vieillard leurs regards furieux et leurs invectives, je crois voir l'assemblée des animaux malades de la peste dénonçant :

Ce pelé, ce galeux, d'où nous vient tout le mal.

* * *

Il y a des minutes où l'on s'aperçoit que l'on a peu de cœur, ou tout au moins que l'on possède un cœur de qualité bien inférieure ! Ce fut le cas pour moi, lorsque M. Monis vint nous raconter, comme une chose qui devait nous tirer des larmes : « Un dimanche matin, au début de mon ministère, M. Caillaux m'a dit qu'il avait un scrupule de conscience d'avoir accepté un portefeuille avant d'avoir pu arranger une affaire de sa vie privée, mais que cette affaire était réglée. Je m'en réjouis avec lui. Il ajouta qu'il avait éprouvé une vive satisfaction du concours que lui avait prêté Me Bernard. Aussi, quelques jours après, quand M. Caillaux m'a parlé du désir de Me Bernard d'obtenir la remise, je n'ai pas été surpris qu'il eût dessein de lui être agréable. »

En voilà un raisonnement ! Me Bernard a été excellent pour M. Caillaux. Je vais en sa faveur bouleverser la justice. C'est très drôle, très drôle ! Surtout qu'il y eut un lapsus de Monis, nous disant combien son vieux cœur avait été ému des confidences de M. Caillaux, et s'écriant d'un air attendri : « Il m'a raconté ses méfaits ! »

Le pauvre ! Il voulait dire ses ennuis. Mais s'il n'avait jamais fait que ce lapsus !

*
* *

Le roi de la journée (je pense toujours au personnage de la fable de La Fontaine, le roi des *Animaux malades de la peste)*, ce fut M. Caillaux. Son panégyrique occupa la séance de l'après-midi. Il est vrai que ce fut lui qui le prononça. Mais il a parmi nous une majorité de partisans qui lui faisaient, par leur seule respiration, un profond et constant soutien.

Il n'y a vraiment que dans leur cercle qu'il pourra faire accepter l'explication qu'il donne du rideau derrière lequel il avait caché ses secrétaires : « Je voyais se développer contre moi une campagne. J'entendais parler d'un document du procureur général. N'étais-je pas en état de légitime défense ? N'avais-je pas le droit de faire venir le procureur général ? Et si le hasard voulait qu'un témoin y assistât... Enfin, quoi ! je n'allais pas attendre simplement le coup de poignard ! »

Cet homme, le plus haï de France, groupe autour de lui, dans la Chambre, une véritable garde de zélateurs fanatiques. Ils se laissent séduire et prennent pour une vertu vraie ce qui n'est qu'une conception forcenée de la vie. Avec admiration, ils répètent ce qu'il leur disait ces jours-ci : « Ils me tueront peut-être ; ils ne m'abattront pas. »

Nul, toutefois, ne lui refuse de la résistance, de la défense. Après tant de nuits qu'il a dû passer sans sommeil, il parlait clair aujourd'hui, avec arrogance, et même, le croirait-on ? avec frivolité. Dans son long discours *pro domo*, à chaque fois qu'il sortait de ses explications techniques de financier, il recommençait à donner des coups de poignard et s'y amusait si fort, qu'ayant à reproduire un propos de Briand, il l'imita, le mima, se mit, ô surprise ! à rendre cette voix un peu caverneuse et lente, et se balança, puis rit lui-même de sa bonne farce. A cette minute, il avait si parfaitement oublié sa situation, qu'il s'amusait, se complaisait dans ses effets et dans l'applaudissement des siens, à nouveau il goûtait la vie.

Sa plaidoirie terminée, le voilà qui allume sa cigarette dans cette salle où tout le monde s'est imposé de ne pas fumer.

Quel homme ! Il y a chez lui de l'enfant gâté. Enfant heureux, privilégié, il devait arriver dans son collège, à Stanislas peut-être, léger, heureux, aimable, un petit riche avec sa voiture à la porte et de belles cravates variées. Et les deux autres ! les Briand, les Barthou, de quel air, amical sans doute, mais de haut, il les eût regardés, ces deux petits camarades plébéiens ! Aujourd'hui, l'enfant élégant, l'enfant vieilli, sans rien perdre de sa gentille manière qui enchante ses familiers, est devenu un pur, un chef de la démocratie avancée et doit bien rire, quand il nous traite de vieux réactionnaires encroûtés, nous autres petits bourgeois ! La grande affaire, voyez-vous, pour un aristocrate, c'est de ne jamais être un bourgeois. Les grands cercles ou le marchand de vins ! Mais l'entre-deux désoblige.

Ah ! pourquoi parler d'aristocratie à propos d'un homme qui ne sait que détruire les choses, les autres et soi-même ? A la minute où j'écris, je suis frappé au cœur par la mort de Mistral. Et ma pensée, écœurée des spectacles sur lesquels depuis cinq jours je la maintiens, s'évade pour s'enfuir pieusement à Maillane. C'est là que je salue et que va reposer pour toujours un vrai noble qui sut se créer immortel et tout autour de lui ranimer, grouper, protéger tout ce qui nous importe *pro aris et focis*.

O Provence, ô sainte bergerie sur laquelle a veillé un pasteur plus diligent que nous n'en trouvons pour la France !

VI

LA FIN DU CINÉMA

(Écrit le jeudi soir 26 mars 1914.)

Le cinéma de la Commission n'a pas cessé de fonctionner toute la journée.

Comme toujours, M. Jaurès ne quitte pas l'écran. En face de lui viennent se placer, d'heure en heure, des personnages nouveaux.

Comment préside-t-il, Jaurès? me dit-on.

C'est bien simple. Chaque matin, à neuf heures et demie, il commence un discours qu'il termine vers sept heures du soir; mais je me hâte de le dire, il permet libéralement les interruptions. Et c'est sous forme d'interruptions que se placent les dépositions des témoins et les questions des commissaires.

Pour résumer mon impression sur la manière dont, aux meilleurs moments, il dirige la controverse, je puis dire que nous avons à notre tête, dans ce révolutionnaire, un excellent président de thèse en Sorbonne.

Ce matin, nous nous sommes préoccupés de connaître quelles affaires menait Rochette à l'époque de la remise de son procès. Notre juste hantise est de découvrir quels gens pouvaient avoir intérêt à ce qu'on lui laissât du répit. S'agissait-il pour lui de mener à bien certaines affaires en cours, dont il aurait partagé le bénéfice avec ses protecteurs? On parle d'une tourbe dorée qui lui faisait une garde du corps.

Les noms? Les noms? Nous les demandons à M. Lescouvé.

Il nous donne lecture d'actes de sociétés; il énumère des noms d'administrateurs. Mais comment nous y reconnaître? Quel gibier y a-t-il pour nous dans tout cela?

Nous sommes naturellement de mauvais juges d'instruction. Ce n'est pas notre métier. Et puis, peut-on instruire une affaire à trente? Nos questions auraient fait perdre la tête à M. Lescouvé s'il ne l'avait fort solide. Elles le tirent à hue et à dia ; elles l'entraînent dans vingt directions différentes. Et nous ne restons jamais sur le fait.

Voilà que Painlevé abandonne Rochette et ses sociétés pour venir à Maurice Bernard.

— Qu'est-ce que vous nous disiez, l'autre jour, monsieur Lescouvé? Maître Bernard vous a affirmé que la remise avait été demandée, non pas pour servir son intérêt personnel, sa convenance, mais bien pour obéir aux désirs du président du Conseil et du ministre des Finances. Dans ce cas, c'est le gouvernement qui a pris l'initiative de tirer Rochette d'affaire?

— Parfaitement, dit M. Lescouvé. C'est bien ce que j'ai toujours compris dans les propos de maître Bernard.

Alors, Painlevé de juxtaposer cette déposition avec celle de Maurice Bernard! Ce sont deux textes qu'il épluche. Dans chacun d'eux il souligne les mots significatifs, étudie leur place, recherche l'accent avec lequel ils ont été prononcés. Puis il demande, à plusieurs reprises, que le témoin exprime de nouveau sa pensée. Il compare les mots des diverses explications, recherche leurs sens divers et leurs étymologies. Et à mesure qu'il creuse, toute clarté s'évanouit, tant il s'éloigne de la vie. Mon éminent confrère, dans un état affreux, se livre tout entier à son génie mathématique. Ah! Painlevé, distinguons toujours l'esprit de finesse et celui de géométrie!

M. Hébrard, lui, n'est pas géomètre. Quel fin vieillard en biscuit de Sèvres, fragile et fort! Nous lui crions tous :

— Nous comptons sur vous pour nous livrer le secret de Polichinelle.

— Après vous, messieurs, répond-il.

Et une fois de plus, comme nous ne sommes pas capables de suivre une idée, au lieu de continuer à parler de M. X... et de la troupe des ventres dorés qui s'ébattaient autour de Rochette, nous filons par la tangente sur l'immense affaire de la *Grande Chartreuse*, dont nous ne sommes ni saisis ni informés.

M. Hébrard s'efface, Rosemberg apparaît. Un homme jeune, élégant, étrange, plus qu'étrange, stupéfiant d'exotisme et d'accent. Je n'en ai jamais vu de pareil que dans les sleeping-cars. Un accent guttural, des yeux de gazelle, un ressort intérieur : de ces gens qui jetteraient bas toute la chrétienté pour obtenir une heureuse différence de cours.

— A quelle époque avez-vous appartenu à l'affaire la Lianosoff?

— L'affaire! dit-il en joignant les mains, avec un accent sublime, comme s'il prononçait le nom de son dieu.

Il nous a donné mille renseignements sur la hausse et les beaux dividendes de la Lianosoff, et je m'attendais à ce qu'il nous invitât à prendre des actions. Il ajouta que sa maison et tous ses amis y avaient gagné de l'argent et qu'il ne pouvait pas souhaiter mieux. Pour conclure, galamment, il nous déclara :

— Vous savez, si quelqu'un a été une fois ministre en France, cela suffit à l'Etranger. Et dans les Conseils d'administration on les aime!

Ah! nous avons du prestige.

Décidément, il faut renoncer à apprendre

de tout ce monde qui est M. X... Profitons du moins de nos nouvelles relations pour savoir quel homme est Rochette.

En deux mots, j'ai cru comprendre que Rochette n'était à aucun degré un industriel, mais un financier joueur. Il lui arrivait d'avoir de bonnes affaires. Mais son propre était de les fausser. Il jouait toujours sur les valeurs, les faisait monter et baisser et détruisait même celles qui étaient bonnes.

* * *

L'après-midi, M. Bienvenu-Martin est venu tout doucement, paisiblement, comme un bon et honnête vieux monsieur, expliquer à la Commission ce qu'il savait du document Fabre.

Vous trouvez drôle que nous ayons attendu la dernière heure du dernier jour pour questionner le garde des sceaux, quand depuis une semaine nous passons nos journées avec ses magistrats et qu'il s'agit d'une pièce qui a traversé son cabinet de la place Vendôme. On s'explique mieux la chose quand on a passé une demi-heure en face de M. Bienvenu-Martin. C'est un homme tout blanc, un peu embrouillassé, très doux, empêché pour un rien, fût-ce par le cordon de son binocle, sympathique d'ailleurs, mais un peu insignifiant.

— Ce n'est pas un combatif, me dit un de mes voisins. Lors de la constitution du dernier ministère Rouvier, notre groupe radical l'envoya, avec un autre, en messager auprès de M. Rouvier pour protester et lui dire qu'il n'avait pas notre confiance. On ne les a jamais vus revenir! L'autre les avait retenus et en avait fait deux ministres.

Évidemment, c'est un homme faible.

N'empêche qu'il nous a raconté des choses pleines de substantifique moelle.

— Quand on s'est mis à parler de tous les côtés qu'il y avait un document Fabre (c'est-à-dire vers le temps de l'assassinat de Calmette), j'ai fait chercher dans toutes les armoires du ministère le document, et je ne l'ai pas trouvé.

Ainsi parle-t-il. Aimable naïveté! On le presse de continuer.

— Qu'avez-vous fait après cette déception, monsieur le garde des sceaux ?

— J'ai interrogé M. le procureur Fabre. Il m'a dit qu'en effet il avait remis à M. Briand une note dont il m'exposa le sens. Je le priai de me la donner. Il hésitait. « Mais enfin, lui dis-je, je suis le ministre. — Oui, me répondit-il, mais je préfère tout de même ne pas vous la donner. — Pourquoi ? — C'est un document à moi. »

— Et alors, monsieur le ministre ? lui disions-nous.

— Alors ? J'en suis resté là. Je craignais de paraître user d'intimidation. J'ai jugé plus correct de me tenir sur la réserve.

Vous pensez quel effondrement ! J'ai demandé la parole.

— Monsieur le ministre, ai-je dit, il y a deux conclusions à tirer de votre témoignage. C'est d'abord que vous ne teniez pas beaucoup à entrer en possession de cette pièce. C'est ensuite que vous la connaissiez tous sur le banc des ministres, quand, au cours de la séance Delahaye, vous niiez si énergiquement qu'elle vous fût connue.

Je pense que vous voyez la couleur de cette petite scène, une des plus réussies de notre cinéma. C'est gris, très gris. Les amis du gouvernement faisaient grise mine. M. Bienvenu-Martin gardait sa mine habituelle. Et nous avions le triomphe modeste : à vaincre sans péril, on triomphe sans gloire.

*
* *

A la fin du spectacle, comme deux vedettes impatiemment attendues, MM. Briand et Barthou, l'un après l'autre, sont revenus devant la Commission.

Ils désiraient apporter quelques retouches ou plutôt quelques précisions dans le débat.

M. Barthou déclara qu'au moment où il avait reçu le document de M. Briand, il ne dit pas à son collègue qu'il entendait le garder. (On reconnaît ce courage, cette netteté que, dès la première heure, au cours de cette affaire, nous avons salués chez M. Barthou.)

M. Briand avait désiré rencontrer devant nous M. le procureur général Fabre.

— Monsieur le procureur, lui dit-il, vous avez déclaré que vous aviez vu passer treize ministres de la justice et que vous aviez beaucoup de peine à vous équilibrer entre ces frères ennemis. Avez-vous jamais pensé que vos fonctions fussent au service de mes convenances politiques ou de celles de mes amis ?

Et le procureur général de répondre avec une triste philosophie :

— L'enquête prouve assez qu'ils existent, les frères ennemis ! Mais j'affirme que jamais M. Briand ne m'a fait entendre une parole d'irritation ou de haine contre aucun de ses collègues.

Le procureur se retire. Et M. Briand de passer à un second point :

— On a dit l'autre jour ici que la mise en liberté de Rochette avait eu des conséquences plus graves que la remise de son procès, et qu'elle avait été accordée sous un ministère dont je faisais partie. Permettez ! Cette mise en liberté fut accordée conformément au vœu de la Commission d'enquête déjà présidée par M. Jaurès. Mais moi et le parquet nous nous efforcions de retenir en prison ce Rochette pour qui, alors, monsieur Jaurès, vous réclamiez la liberté.

Dame! personne n'a rien répondu. En huit jours, que les temps sont changés! Quel silence aujourd'hui devant Briand et tout à l'heure devant M. Barthou! Eux-mêmes, sûrs de leur fait, ont eu le mérite qu'on apprécie, surtout après avoir vu M. Caillaux, de ne pas dépenser de force inutile et de n'allonger que des coups qui portent. Ils n'ont jamais perdu leur sang-froid, depuis le début de l'affaire. Et maintenant ils parviennent à l'imposer autour d'eux. S'il est vrai que l'on reconnaît un bon cavalier à la tranquillité puissante de sa monture, l'attitude de toute la Commission témoigne que voilà MM. Barthou et Briand bien en selle. Contre eux, autour de notre table, plus un mot, plus un geste de lutte. Ce sont des chefs qui reviennent sur un champ de bataille d'où les fourgons d'ambulance viennent d'emporter MM. Ernest Monis et Caillaux.

Et c'est fini. Ce soir, on éteint les lumières dans la salle du cinéma.

Aujourd'hui, vendredi, tandis que mes lecteurs parcourent cet article, la Commission aborde la dernière partie de sa tâche, je veux dire l'établissement de ses conclusions. Cela ne va pas aller tout seul. Quelle méthode employer ? Pour moi, le mieux serait de dresser un questionnaire où nous ramasserions, dans leur ordre, les faits et leurs circonstances, et auquel nous répondrions comme fait le jury en présence d'un crime.

Quel sera l'avis de mes collègues ? Et surtout, à quelle sanction vont-ils s'arrêter ? Comment se classeront-ils ? Sur quelles troublantes discussions se départageront - ils ? Pourrons-nous faire l'unanimité ? Il ne m'appartient pas de rien préjuger, encore moins de rien divulguer. Cette dernière partie de nos travaux est secrète, sans sténographie.

Je quitte mes lecteurs pour les retrouver quand nos conclusions seront publiées.

Sortirons-nous du cloaque ?

VII

JE DEMANDE DES POURSUITES

(Écrit le mardi soir 31 mars 1914.)

Il ne m'appartient pas d'entrer dans le détail des discussions qui aboutirent à l'établissement du texte des conclusions adoptées par la Commission d'enquête.

Cette après-midi, quand M. Jaurès en eut donné la lecture définitive et avant qu'il fût procédé au vote sur l'ensemble, j'ai fait la déclaration suivante :

« Messieurs,

» Je ne puis accepter vos conclusions.

Et cela pour trois raisons :

» 1° La première, c'est que la méthode même de travail que vous avez adoptée pour les rédiger enlève toute portée à ces conclusions.

» M. Jaurès avait proposé un texte. Il valait ce qu'il valait, mais il était l'expression d'une pensée. Ce texte a été gâché, laminé, adultéré, démantibulé, — prenez toutes les métaphores de destruction que vous voudrez, — phrase par phrase et mot par mot. Sur la construction de M. Jaurès ont travaillé trente autres pensées. Je n'y verrais pas d'inconvénient, car on pourrait appliquer cette critique à tous les débats, s'il ne s'agissait ici d'une question de points de faits, et si ce travail de critique n'avait consisté à essayer d'établir un accord entre les commissaires aux dépens de la crudité de ces faits.

» Le produit de cette opération transactionnelle, ces conclusions que je suis impuissant à vous empêcher de voter, constituent un document tellement hybride et minimisé qu'en le lisant dans son ensemble, je me suis demandé si j'avais vraiment assisté aux séances auxquelles vous m'avez vu assidu. Dans cette composition politico-littéraire, qui devait être un vigoureux raccourci de la réalité, il en reste si peu de cette réalité, et présenté avec des nuances si atténuées, que, pour ma part, je ne la retrouve plus, — et pourtant j'en ai été le témoin.

» 2° Ma seconde raison est que ce document ainsi minimisé ne saurait plus comporter de sanction. Votre apparente impartialité est une absolution, et une absolution non justifiée.

» Parmi tous les faits qui nous ont été apportés ici, prenons-en un seul comme exemple :

» M. Monis fait venir le procureur général. Il dépose à notre barre : « Je ne lui ai pas donné d'ordre ; je ne l'ai pas « menacé ». Pourquoi? Parce que je n'ai pas prononcé le mot : « Je vous l'ordonne », parce que je n'ai pas dit : « Si vous n'obéissez pas, je vous » frappe. » Mais, messieurs, depuis quand est-ce qu'il y a besoin de formuler ce mot : « Je vous ordonne », pour ordonner? Est-ce qu'il n'y a pas le regard, le geste, l'accent de la voix ? Et quand un magistrat, entré dans le cabinet d'un premier ministre, en sort avec une volonté retournée au point qu'il exerce dans ses fonctions professionnelles une action telle que ses collègues disent de lui (on nous l'a déclaré) : « Ou bien il est fou, ou bien il a reçu de l'argent, ou bien il a reçu un ordre », eh bien ! quand ce magistrat agit ainsi, je dis, moi : « Ou » bien il y a des effets sans cause, ou bien il » y a eu ordre et menace. »

» Or, je me reporte à l'article 179 du Code pénal, j'y vois que le mot *menace* y est inscrit et que seul il permet d'atteindre M. Monis. N'est-il pas assez naturel que M. Monis, qui connaît le Code mieux que moi, ne vienne pas nous dire un mot qui eût signifié : « Je tombe sous le coup de l'article » 179 » ? — Il me semble moins naturel à moi que des commissaires chargés, au nom du pays, de faire justice de procédés qui ne visent à rien moins qu'à compromettre la sûreté de tous les citoyens par l'intrusion de l'exécutif dans le judiciaire, aient d'avance soustrait à cet article 179 un homme politique qui a commis un abus de pouvoir évident, puisqu'il a été suivi d'effets, et de quels effets !

» Je pourrais refaire le même raisonnement à propos de M. Caillaux. Il est le complice, Et lui-même, s'il n'avait pas été menacé en lui ou en ses amis, il n'aurait pas pesé sur son collègue le chef du cabinet. Cet article 179, vous le voyez, s'étend donc loin dans l'espèce, et plus il s'étend loin, plus est grande la responsabilité de ceux qui soustraient tant de coupables au châtiment.

» Puisque je suis en train de signaler votre excessive indulgence, j'en veux encore donner un exemple. Comment pouvez-vous laisser sans les blâmer, sans même les signaler, les dénégations opposées en séance par le ministère actuel à toutes les indications qui nous étaient données sur l'existence et le sens de ce document ? Sans l'intervention de M. Barthou, elles allaient tromper le Parlement et le pays.

« 3° Il y a une troisième raison pour laquelle je ne puis pas m'associer à vos conclusions. C'est que je les considère comme une atteinte à la conscience nationale. Il ne suffit pas de dire qu'on fait œuvre de justice avec l'éloquence la plus enflammée. Il faut la faire. Il ne faut pas que les humbles, que les faibles puissent dire : Il n'y a pas de châtiment pour les puissants. Il ne faut pas, dans un pays qui souffre profondément du mal des divisions politiques, qu'il soit dit qu'il suffit d'être d'un parti pour que ce parti couvre toutes les défaillances, si graves et si avouées qu'elles soient. C'est une leçon d'immoralité politique que vous allez donner au pays. Je ne m'y associerai pas. »

VIII

LA POURRITURE DES ASSEMBLÉES

Un mal qui s'attrape par des poignées de mains.

Avant-hier et hier, jeudi et vendredi, 2 et 3 avril, durant trois séances, un public immense — trente mille cartes, me dit-on, furent demandées à la questure — un public immense est venu au Palais-Bourbon avec l'idée de voir pendre deux ministres. O monotone répétition de l'histoire! Cette perspective, cet espoir excitèrent toujours merveilleusement les imaginations! Dès midi et demi, des femmes élégantes, pour être plus sûres de trouver place au beau spectacle, s'asseyaient sur leurs manchons, le long des grilles du Palais-Bourbon. Le soir, ce fut bien pire ; il fallut appeler les soldats de garde pour prêter main-forte aux huissiers débordés et refouler sur le quai d'Orsay ce public de grande première, en frac et en robes de soirées, à qui l'on avait dit : « Quand les députés siègent le soir, c'est le plus beau : ils se tuent ! »

Les spectateurs et spectatrices, paraît-il, n'ont pas été satisfaits. A les croire, on ne leur aurait pas présenté le grand jeu. Ils se trompent. Ils ont vu quelque chose d'importance historique : les aveux d'un système qui meurt. Seulement, je l'accorde, cette flore de mensonge ne s'épanouissait pas tout à son aise. Les députés étaient contractés, tendus, absorbés. Au cours de ces deux journées, ils ne se livrèrent pas de plein cœur, en toute liberté, au plaisir de la partie. Ceux-là mêmes qui, pour l'ordinaire, s'abandonnent le plus passionnément à la fureur sportive du lieu avaient leurs regards et leur imagination ailleurs. Où donc? Dans leurs circonscriptions.

Cela apparut dès la première heure de cette longue discussion, dès le discours par où Jules Delahaye ouvrit ce dernier acte de l'affaire. Ce fut un réquisitoire de procureur général, vigoureux et violent, offensant à chaque ligne, contre lequel, en toute autre saison, ils eussent réagi en braves combattants. Mais cette fois, ils l'écoutèrent sans broncher. Inutile de se compromettre, pensaient-ils. L'électeur nous regarde, qui, peut-être, n'aime pas qu'on protège les escrocs.

— Eh bien! vous allez faire merveille pour sauver votre ami? disais-je à un radical.

— Mon ami! Ah! croyez-moi, je m'en f.... de Caillaux. Je vous jure que je ne sais plus ni son nom, ni son prénom : je ne connais que mon parti. (Lisez : ma réélection.)

Nous étions à deux doigts d'une débâcle des radicaux, dans une atmosphère de sauve-qui-peut.

*
* *

Le second jour, je pris la parole. Voici mon discours (1) :

---

(1) D'après l'*Officiel* du samedi 4 avril.

« Messieurs, je faisais partie de la commission d'enquête; je ne me suis pas rangé dans sa majorité, je réclame des poursuites judiciaires. Je ne puis pas m'associer aux conclusions de mes honorables collègues.

» Pourquoi?

» Parce que je n'y retrouve pas la réalité que, pendant dix jours, j'ai vu défiler sous mes yeux. Les conclusions de la commission sont à la fois incomplètes et amoindries.

» Elles sont incomplètes. Je vous prierai, par exemple, de vous reporter à la page 161 du compte rendu sténographique. Vous verrez qu'elles ne font aucune allusion à un incident demeuré mystérieux et qui est singulièrement étrange.

» M. le procureur général Fabre a déposé devant la Commission que trois ou quatre jours après qu'il avait été appelé chez M. Monis et qu'il en avait reçu l'ordre d'obtenir une remise, tandis qu'il était hésitant, plein de scrupules, plein de douleur, un coup de téléphone est venu, brutal comme un coup de fouet, a-t-il dit, le mettre en demeure et l'a obligé à se courber, à prendre sa décision.

» Quand nous avons demandé à M. Monis ce qu'était ce coup de téléphone parti de son cabinet, il n'a pas voulu savoir de quoi nous lui parlions, et quand nous lui avons dit : « Mais enfin, c'est bien extraordinaire que » M. le procureur général ait reçu ce rappel. » Cela ne vous dit rien ? », il a invoqué une histoire véritablement pitoyable. Il nous a répondu : « Ah ! messieurs, si vous saviez » comment les choses se passent ! Il n'y a pas » plus d'une huitaine de jours, on m'a dit que » M. Caillaux me téléphonait. Je suis allé au » téléphone. Je lui ai dit : « Vous m'appelez ? » » Il m'a répondu : « Non ! on m'a dit aussi » que vous m'appeliez ? » et c'était une mys- » tification. »

» M. Monis a-t-il voulu nous donner à croire qu'une conversation qui ne pouvait être connue que de lui et de M. le procureur général sur un sujet si grave, avait permis à je ne sais quel farceur d'intervenir ? *(Applaudissements au centre et à droite.)*

» Sur ce mystère, pas un mot, pas un éclaircissement dans les conclusions qui vous sont apportées et, dans ces conclusions, il n'est guère davantage question du véritable scandale auquel nous avons tous assisté, quand nous avons vu jusqu'à la dernière minute le ministère actuel faire tous ses efforts, soit par des dénégations formelles, soit par un silence obstiné, pour empêcher la vérité d'éclater devant la Chambre et le pays. *(Applaudissements au centre et à droite.)*

» Les ministres qui siègent à ce banc, par leur silence, par leurs affirmations, jusqu'à la dernière heure ont voulu nous laisser entendre qu'ils ne savaient rien du document Fabre, et cela, dans un moment où véritablement une telle persistance à tromper le pays était, qu'ils me permettent de le dire, puérile, n'avait plus l'excuse d'être un expédient de Gouvernement pour éviter un scandale. A ce moment-là, de toutes parts le scandale fusait, et ces dénégations obstinées, ce silence mensonger ne pouvaient même pas obtenir de résultat. *(Applaudissements au centre et à droite.)*

» Mais ces conclusions, elles ne sont pas seulement incomplètes, elles sont d'un bout à l'autre édulcorées et elles le sont par la méthode même de travail que la commission a été amenée à employer.

» M. Jaurès avait établi un texte. Ce texte valait ce qu'il valait. A mon avis, c'était une pensée minima. Mais enfin c'était une pensée logique; c'était la pensée de M. Jaurès.

» Là-dessus, pendant une longue suite de jours, phrase par phrase, mot par mot, chacun des commissaires s'est appliqué à modifier ce texte, à le tirailler dans tous les sens et d'ailleurs à le tirailler dans le sens que vous pouvez deviner d'après la composition de la majorité, de telle manière que la commission a abouti à une dissertation politique qui ne présente plus un rapport serré avec les faits qu'elle avait à définir, mais seulement, tant bien que mal, arrive à vous fournir, comme dans un miroir, l'image des commissaires. *(Applaudissements et rires au centre et à droite.)*

» J'ajoute que ces conclusions, édulcorées dans leur ensemble, le sont gravement sur le point principal, à savoir sur l'entrevue de M. Monis avec le procureur Fabre. D'une façon très nette et très certaine, pour celui qui a entendu, pour celui qui a vu, pour celui qui a lu la sténographie, pour celui qui réfléchit sur les événements, c'est bien un ordre, accompagné de menaces, qui a pesé sur ce magistrat. Entré dans le cabinet du ministre en homme qui avait toujours pris position, d'une manière presque personnelle, très combative, contre Rochette, il en est sorti avec sa volonté retournée. Comme on l'a déposé devant nous, dans tout le Palais, on disait : ou bien le procureur général est devenu fou, ou bien il a reçu de l'argent, ou bien il a reçu des ordres.

» Quand un homme se met dans une telle situation, il faut reconnaître qu'il a subi une pression menaçante pour lui, ou bien il faut abandonner ce principe général qu'il n'y a pas d'effet sans cause. *(Applaudissements au centre et à droite.)*

» Mais là, nous distinguons très bien pourquoi la commission ne voulait pas entendre qu'il y eut ordre et menace. C'est que le fait de la menace faisait tomber les ministres sous le coup de l'article 179 et qu'on voulait ne pas aboutir à des poursuites. *(Applaudissements au centre et à droite.)*

» Pourquoi? Pourquoi la thèse du châtiment a-t-elle fait reculer les commissaires? Pourquoi les mots que nous entendions, les situations que nous examinions, ne produisaient-ils pas les mêmes effets dans nos esprits? Pourquoi ne réagissions-nous pas, tous, de la même manière?

» Il est aisé de s'en rendre compte.

» Il y avait parmi nous des hommes attachés, liés, dominés, commandés par leurs amitiés, par leur fidélité dans le malheur. Sur ceux-là, je ne ferai aucun commentaire. D'autres jugeaient que M. Caillaux, en se faisant l'interprète du désir d'un avocat son ami, Me Maurice Bernard, avait voulu être obligeant, avait donné un témoignage de bienveillance naturelle, une preuve de camaraderie, que M. Monis, d'autre part, en cédant au désir de M. Caillaux, était entré dans le même esprit de bienveillance, de camaraderie, de facilité. On semblait autour de moi trouver qu'il est tout naturel à des ministres, pour satisfaire des amis, de fausser le mécanisme de la justice en faveur du plus notoire des escrocs. Dans une telle conception, aux yeux de nos commissaires, les grands coupables, ce sont les Briand et les Barthou ; ce sont eux les méchants qui s'acharnent sur ces hommes véritablement bons et tombés dans l'embarras à cause de leur bonté même, les Caillaux et les Monis. *(Applaudissements et rires au centre et à droite.)*

» Facilitons-nous la vie aux uns les autres, voilà le sentiment qui dominait les esprits dans la commission *(Applaudissements et rires sur les mêmes bancs)*, et cela s'accorde avec la définition qu'Anatole France donne de notre régime quand il écrit : « C'est le » régime de la facilité. » *(Sourires à droite.)*

» Cet état d'esprit de ceux qui veulent l'acquittement, ce renversement de la morale, c'est un mal bien connu, analogue à celui qui sévit dans les grandes agglomérations de malades et qu'on appelle la pourriture des hôpitaux, c'est la pourriture des assemblées. *(Applaudissements à droite.)*

» La Chambre est-elle atteinte de cette pourriture des assemblées, de cette maladie qui se gagne par les poignées de main? C'est ce que votre vote aura à décider.

» Le problème n'est pas un problème restreint, médiocre, vous n'aurez pas à juger des défaillances individuelles; vous aurez à vous prononcer et à dire si vous acceptez la défaillance même du régime.

» Je parle du corps parlementaire et je diagnostique sur lui une maladie. Cette maladie, elle se révèle d'ailleurs d'une manière évidente pour tous ceux qui connaissent cette Assemblée depuis un certain nombre d'années.

» J'en appelle à l'expérience de tous les anciens et à ceux qui veulent réfléchir sur le passé le plus récent de notre Parlement. J'ai ici des souvenirs qui datent déjà de vingt-cinq années.

» Il y a vingt-cinq années, c'était tout autre chose qu'aujourd'hui, il y avait des partis constitués à l'intérieur du Parlement, et je parle surtout de ces bancs où se trouve cette majorité nombreuse de laquelle sortent les chefs qu'elle suit successivement dans les directions les plus variées. *(Rires et applaudissements à droite.)*

» Autrefois les partis affichaient hardiment des doctrines ; il y avait des programmes politiques, programmes immédiats et à plus longue échéance. Les partis étaient raccordés dans le pays à des hommes qui, sans s'occuper étroitement de politique, étaient en accord avec les chefs parlementaires par un ensemble de conceptions philosophiques. Ces idées et ces sentiments, ces principes et ces aspirations en commun donnaient à l'activité quotidienne des partis une certaine noblesse et de l'unité.

» Mais aujourd'hui, que voyons-nous sur ces bancs de la majorité? Nous voyons des combinaisons momentanées. Nous voyons des hommes autour desquels se groupent un plus ou moins grand nombre de députés pour des opérations déterminées, à échéance limitée. Il se passe ici quelque chose d'analogue à ce que l'on voit dans le monde financier, où l'on dit couramment : un tel et son groupe; où l'on dit couramment : un tel marche avec un tel; où l'on peut très bien voir, quelques semaines après, le même individu se détacher, faire une autre opération à échéance limitée, marcher avec un autre chef. »

M. Marcel Sembat. — « C'est tout à fait juste ! »

M. Charles Benoist. — « C'est du condottiérisme politique ! »

M. Maurice Barrès. — « Au lieu de partis fixes ayant des conceptions précises, vous avez des groupements d'intérêts, et comme ces groupements ne sont pas clairs, comme ils ne sont pas en accord avec une vérité profonde, comme ils n'ont pas un caractère historique, ils ne se relient dans le pays qu'à d'autres groupements d'intérêts, à des cercles où entrent des hommes qui comptent, moyennant qu'ils accusent leur bonne volonté à ces chefs momentanés, obtenir des décorations, des faveurs. *(Applaudissements au centre et à droite.)*

» Et souvent, dans cette disparition des anciens partis, ces groupes mobiles de députés sont raccordés étroitement aux groupes financiers du dehors auxquels je viens de vous dire qu'ils ressemblent.

» Ici nous touchons au dernier degré de la pourriture parlementaire.

» Messieurs, il dépend de nous tous de remédier à cet état de choses, il dépend surtout de nous tous de nous affirmer, dès aujourd'hui, contre un état, ou, si vous croyez que j'exagère, contre un danger qui est pressant...

» J'entends un collègue qui parle de vertu... Vous vous méprenez singulièrement sur le sens de ce que je vous dis. J'essaye, en termes raccourcis, de vous indiquer l'historique du Parlement dans notre pays depuis quelques années. C'est un autre problème de venir ici parler au nom de la vertu : ce n'est pas la tâche que j'ai entreprise. Je vous dis que j'ai connu, que nous avons tous connu, il y a un certain nombre d'années, un Parlement organisé en partis, ayant des vues déterminées. »

M. Franklin-Bouillon. — « Permettez-moi, monsieur Barrès, de vous demander si vous êtes bien d'accord avec vous-même ? Ce Parlement si bien organisé, dites-vous, autrefois, vous l'attaquiez de la même façon à cette époque, au nom du boulangisme. Comment pouvez-vous en faire l'éloge rétrospectif aujourd'hui ? »

M. Jules Delahaye. — « Mais le boulangisme, c'était une réaction contre la pourriture parlementaire ! »

M. Maurice Barrès. — « Monsieur Franklin-Bouillon, le boulangiste que j'ai été adressait au système parlementaire des critiques que l'expérience a justifiées. Dans le système parlementaire, les inconvénients et le danger augmentent à mesure qu'au lieu d'être solidement organisés les partis se dissolvent en groupes comme nous voyons à cette heure. *(Très bien ! très bien ! sur divers bancs au centre et à droite).*

« Le moyen de nous dégager de cette liquéfaction, de rompre ces liens malsains créés dans l'intérieur des groupes et qui vous mèneraient à l'indulgence pour ce qui ne peut pas mériter l'indulgence, c'est de ne considérer que l'intérêt général, que l'intérêt national.

« La même disparition des partis se manifeste dans le pays et, pour parler d'un terrain que je connais mieux, pour parler de Paris où j'ai quelque connaissance de la politique et où je prie ceux qui en ont plus que moi l'expérience de contrôler ce que j'en affirme, je dis que dans Paris, si l'on met à part le parti socialiste et le monde catholique, qui ont, chacun à leur manière, leur organisation, les autres partis sont tout désorganisés, qu'ils ne sont que de minces groupements, des cadres sans grande force, sans grande solidité, mais que de plus en plus, dans cette masse se dégage un sentiment qui fait l'union : le désir de voir juger toutes choses non du point de vue d'un clan, d'une coterie (les partis ne sont plus que cela) mais du point de vue de l'intérêt national. *(Applaudissements au centre et à droite.)*

« Inspirez-vous de ces vues. Dans le vote que je vous demande d'émettre aujourd'hui, en repoussant les conclusions de la commission, en ne vous prêtant pas à cette excessive indulgence, en déférant les coupables à la justice, il s'agit de mettre le bien public au-dessus de tous ces groupes incertains. En réclamant des sanctions pénales contre des ministres coupables d'avoir entravé par ordres et menaces l'action régulière de la justice qui poursuivait un escroc, c'est l'intérêt national que je vous demande de mettre au-dessus d'une camaraderie et au-dessus de ces luttes de groupes où les petits papiers remplacent les programmes, et dont les chefs se poursuivent dans l'ombre avec des poignards à la main. *(Très bien ! très bien ! au centre et à droite.)*

» Faites une besogne de salubrité publique en frappant les deux ministres coupables. » *(Vifs applaudissements au centre et à droite.)*

M. Bedouce. — « Tous les coupables, non pas deux. » *(Applaudissements à l'extrême-gauche.)*

M. Maurice Barrès. — « Je n'en connais que deux. »

IX

LA CLEF DES CHAMPS

(SUITE DU DÉBAT PUBLIC SUR LES CONCLUSIONS DE LA COMMISSION).

(Écrit le 4 avril 1914.)

Comme j'avais raison de leur dire, à ces radicaux, qu'ils ne sont plus un parti organisé, hiérarchisé ! Déjà, dans la Commission, je les avais vus animés, dirigés, sauvés par la seule pensée de Jaurès, tout incapables par eux-mêmes de trouver la voie et les moyens, la formule pour sauver leurs chefs Caillaux et Monis. Au cours de cette séance, leur débandade de moutons affolés était telle qu'en écoutant ce Briand, si détesté l'avant-veille, ils se disaient entre eux : « Il a figure de chef. Puisqu'aussi bien Caillaux est mort, pourquoi ne prendrions-nous pas celui-ci pour régner sur nous ? »

Dans leur affolement, ils auraient passé sur le ventre de leur ancien berger Monis, et même de Caillaux. Ils ne pensaient qu'à fuir l'abattoir électoral. Et certainement, en fin de journée, ils s'en seraient allés piquer une tête dans la rivière, s'ils n'avaient eu, les pauvres, pour les ramener, pour les rallier, MM. Jaurès et Sembat, ces loups devenus bergers.

Ce fut Sembat qui, juste après mon discours, fit la sonnerie au drapeau radical. Depuis une demi-heure nous l'écoutions sans trop le comprendre, en dépit de ses phrases si nettes. Où voulait-il en venir? Il réclamait la répression et, tout à la fois, blaguait les justiciers. Soudain, il se saisit de l'argument déjà fourbi à la Commission par Jaurès :

— Si Caillaux avait suivi, comme ministre des Finances, une autre politique et soutenu moins vigoureusement ses projets financiers, il n'aurait pas eu à subir la même campagne de moralité; jamais le document Fabre n'aurait paru.

Mais ces socialistes qui veulent sauver le

radicalisme dans la personne de MM. Monis et Caillaux veulent surtout mettre à mal « le modérantisme » dans la personne de MM. Briand et Barthou, — Barthou plus qu'aucun autre.

Et eux, les deux hommes en danger, ils sont là, l'un et l'autre, tout prêts à faire face. Sitôt leurs noms prononcés, ils réclament la parole.

Briand d'abord, et qui s'en tire avec une maëstria dont les amateurs, du plus grand au plus petit, demeurent bouche bée. Les troupes radicalo-socialistes se consolent en pensant qu'elles vont se rattraper sur Barthou. Il y a toujours cette diable d'histoire du document qu'il a pris pour empêcher qu'un autre ne le prenne! Mais ce grief, qui leur paraît si énorme en l'absence de Barthou, sitôt qu'ils sont devant lui ils ne savent plus le formuler. Il leur explique bien en face son bon droit, sans qu'ils trouvent le défaut de la cuirasse. Et encore s'abstient-il, bien à tort selon moi, de leur offrir son meilleur argument, à savoir qu'il a agi dans l'intérêt général. Ah! Barthou à la tribune, c'est un bon petit Béarnais qui sait gaillardement défendre ses mollets contre les chiens qui veulent en tâter.

Et puis, quoi ! nous n'oublions pas que c'est lui qui a fait triompher la loi de trois ans.

Au terme de cette excédante discussion, dans l'atmosphère empestée et surchauffée de la séance de nuit, le vendredi soir, Jaurès, président de la commission d'enquête, entra en bataille avec toute l'artillerie des arguments de sa cause. Ivre de fatigue et du prodigieux effort qu'il vient de fournir, le sang à la tête, n'en criant que plus fort, se livrant éperdument à ses inventions d'images, il exposa autour de la tribune, comme six prisonniers enchaînés, MM. Caillaux, Monis, Barthou, Briand, Fabre et Bidault de l'Isle, et après avoir commis l'injustice de ce pilori, où les plus coupables et les plus innocents étaient indignement confondus, il se donna les airs du plus scrupuleux des juges, qui ne trouvait dans le Code aucune sanction pénale contre les faits incriminés.

— Aucune sanction, M. Jaurès! Mais je viens de vous le dire tout à l'heure, à la tribune, il y a l'article 179 du Code pénal qui s'applique comme un gant à vos amis.

Sembat, comme Jaurès, repousse l'idée de déférer MM. Monis et Caillaux aux tribunaux ordinaires. Mais il accepterait volontiers l'idée de les traduire devant une Haute-Cour. (Le bon apôtre! Je vois d'ici le tableau; elle ne retiendrait que Barthou.)

Je ne pus me contenir :

— Ah! non, m'écriai-je, j'ai vu trop d'honnêtes gens en Haute-Cour, je n'y enverrai pas ceux-là!

Et, ma foi, je suis sûr qu'à ce moment de grandes et nobles figures passèrent devant tous les esprits.

* * *

Vers minuit, la plus étrange opération fut tentée. Un être bizarre, tout pareil à un œuf d'autruche piqué de quelques poils, le député de la circonscription où se trouve Pégomas — et naturellement ses amis l'appellent avec bonne humeur le bandit de Pégomas —

parut à la tribune. Son premier geste fut de porter son pouce à ses lèvres, et, levant le coude, il fit entendre clairement à l'huissier qu'il désirait vider un verre. L'échanson de la tribune obtempéra à son désir légitime. Il but et commença de lire trois, quatre articles de vieux journaux, avec une telle mimique que tous nous crûmes que c'était un divertissement, une entrée de clowns, et l'on se mit à rire. « Ne riez pas, me dit un voisin avec un grand sérieux : il est sorti premier de l'École normale ! Mais, soudain, l'on s'aperçut que le bizarre personnage avait un couteau à la main :

« — Ce que je viens de vous lire, déclara-t-il, c'est un jugement rendu contre M. Jules Delahaye et qui m'empêche de le suivre dans son œuvre de justicier. »

En quatre mots, Delahaye remet toutes choses au point :

« — Depuis dix ans, chaque matin, des lettres me menacent de révélations. Les voilà donc ! J'ai toujours sur moi l'arrêt en bonne et due forme qui a cassé ce jugement. Regardez-le ! Ah ! si j'avais quelque chose à me reprocher, les divers gouvernements que j'ai tous attaqués n'auraient pas attendu aujourd'hui pour me briser les reins ! »

Et le citoyen de Pégomas, cette figure de minuit pareille à celle de quelque docteur Plume ou de quelque professeur Goudron sorti des rêves d'Edgar Poë, de s'excuser, de s'incliner, de ne pas s'expliquer et de s'évanouir dans la foule comme une buée sur le cloaque.

Mais qui donc avait mis ce couteau de carton aux mains de cet extravagant ?

*
* *

Vers deux heures du matin, à la faveur des ténèbres amoncelées dans le cirque par les discussions confuses autour des ordres du jour, les six captifs, innocents et coupables, prirent lestement la clef des champs.

Briand, en tête, comme dans un fauteuil, correct, grave, paisible, la redingote impeccable, seulement la voix un peu éraillée.

Barthou, plus pâle, tiraillé, harcelé par

la meute, de bonne humeur quand même, par nature et par volonté courageuse, courait pour le rejoindre et le rejoignait.

Loin derrière, Caillaux, dépouillé de toutes ses présidences, soutenu pourtant par quelques fidèles et surtout par les socialistes.

Et Monis? Vraiment Monis s'en est tiré? On l'avait laissé pour mort dans le fossé de la route. Il s'est relevé dans l'ombre, paraît-il. Mais je le crois malade.

Qu'ils soient courants ou gisants, MM. Monis et Caillaux, ce n'est point l'intérêt de cette affaire. Elle vaut pour nous montrer toute la ménagerie en action. Elle vaut surtout comme un trait de lumière qui nous fait voir comment nous sommes gouvernés, par des hommes qui ne croient plus au parlementarisme et qui le suppléent par des expédients illégaux, voire criminels.

Il n'y a pas de loi en France contre les ministres coupables. C'est ce que vient de proclamer et de voter la Chambre. C'est le sens, la moralité de cette longue discussion et de l'ordre du jour où vient d'aboutir la majorité.

Cette majorité radicale-socialiste peut être satisfaite. Elle triomphe. Le ministère n'est même pas tombé, mais il y a une plus grande ruine suspendue au-dessus de nos têtes : l'énorme masse du système parlementaire qu'un souffle peut jeter par terre.

TABLE DES MATIÈRES

TABLE DES MATIÈRES

IMPRIMERIE CHAIX, RUE BERGÈRE, 20, PARIS. — 7442-4-14.

www.ingramcontent.com/pod-product-compliance
Ingram Content Group UK Ltd.
Pitfield, Milton Keynes, MK11 3LW, UK
UKHW031917260826
14628UKWH00003B/1249